一路贯通　探秘雨林

海南

环热带雨林国家公园

旅游公路

ROAD TRIP GUIDE TO THE HAINAN TROPICAL RAINFOREST NATIONAL PARK SCENIC ROUTE

自驾指南（1.0版）

2025年

海南省旅游和文化广电体育厅　编

特约策划： 海南旅游发展研究院

海南日报文化旅游研究中心

责任编辑： 张旭

责任印制： 钱宬

视觉团队： 梅眉　朱晨　蔡丽娟

图书在版编目（CIP）数据

海南环热带雨林国家公园旅游公路自驾指南 : 1.0 版 .
2025 年 / 海南省旅游和文化广电体育厅编 .
-- 北京 : 中国旅游出版社 , 2025.1. -- ISBN 978-7-5032-7509 -8
I. K928.966

中国国家版本馆 CIP 数据核字第 20240UP887 号

书　　名： 海南环热带雨林国家公园旅游公路自驾指南（1.0 版）2025 年

作　　者： 海南省旅游和文化广电体育厅　编

出版发行： 中国旅游出版社

（北京静安东里 6 号　邮编：100028）

http://www.cttp.net.cn　　E-mail:cttp@mct.gov.cn

营销中心电话 : 010-57377103，010-57377106

读者服务部电话 : 010-57377107

经　　销： 全国各地新华书店

印　　刷： 海口恒久彩色包装印刷有限公司

版　　次： 2025 年 1 月第 1 版　2025 年 1 月第 1 次印刷

开　　本： 720 毫米 ×970 毫米　1/16

印　　张： 9.5

字　　数： 200 千

定　　价： 42.00 元

ISBN 978-7-5032-7509 -8

海南
环热带雨林国家公园
旅游公路

HAINAN TROPICAL RAINFOREST
NATIONAL PARK SCENIC ROUTE

全长：466 公里

途经市县：三亚、保亭、陵水、琼中、儋州、白沙、昌江、东方、乐东

附近雨林片区：黎母山、霸王岭、鹦哥岭、五指山、吊罗山、尖峰岭、毛瑞

— 海南环热带雨林国家公园旅游公路 —

使用说明

继《海南环岛旅游公路自驾指南（1.0 版）2024 年》出版后，这是第二本围绕“海南旅游公路”出版的自驾指南，只不过这一次我们将目光从蔚蓝的大海转向了海南中南部那一片生机勃勃的雨林世界——海南环热带雨林国家公园旅游公路贯穿的一路美景和独特人文。

本书涵盖了出发前后需要了解的衣食住行信息和注意事项以及大量来自当地人推荐的景点和美食。除了提供实用的出行信息，还科普了一些简单的雨林小知识，让你在旅游中可以更深入地理解和感受雨林世界的神奇和奥秘。本书共分为以下四个板块：

Part1 关于海南热带雨林国家公园

为你介绍“海南环热带雨林国家公园旅游公路”贯通的“海南热带雨林国家公园”的前世今生和丰富的内涵：

- **海南热带雨林国家公园的诞生**
- **揭秘海南热带雨林国家公园的神奇**

Part2 出发前

为你介绍出行前的准备工作和必知信息，主要包括：

- **岛内租车攻略**
- **开车上岛攻略**
- **“海南环热带雨林国家公园旅游公路”自驾攻略**

- **海南旅行小贴士，如天气、装备、安全注意事项等**
- **非自驾上岛攻略**
- **岛内交通指南**
- **推荐航拍点**

Part3 在路上

“海南环热带雨林国家公园旅游公路”串联了海南 9 个市县，按主题分成 3 个路段。该板块具体介绍了各路段途经市县的游玩指南等，主要包括：

- **三个路段基本情况**
- **各个路段途经市县的游玩和美食指南**

- **各市县出行实用贴士，包括租车攻略、驾驶攻略（加油站、充电桩）以及休憩、住宿和购物攻略等**

Part4 更好玩

如果你想深度游玩“海南环热带雨林国家公园旅游公路”，这一板块为你解锁了更多有趣的玩法，主要包括：

- **12 个雨林推荐体验点**
- **66 种打卡方式**
- **4 条旅游线路推荐涵盖不同天数和主题**

双环旅游公路

慢游海南

在海南，除了全球第一条环岛高铁和纵横交互的高速公路、省道、县道可以让你快速到达旅游目的地外，还建有两条专为“旅游”而生的旅游公路环线，可以让你慢慢感受海南的美景与人文特色。

2023 年年底，988 公里长的“海南环岛旅游公路”建成通车，这条公路沿着海南岛的海岸线画了一个圈，将海南 12 个滨海市县的特色美景串联在一起。

2024 年年底，466 公里长的“海南环热带雨林国家公园旅游公路”全新上线，途经海南中南部 9 个市县，将海南热带雨林国家公园揽入环中，犹如一座巨大的“热带雨林线性博物馆”，为我们解锁了新的海岛旅行地图。

一图看懂双环旅游公路

| 滨海“外环” |

环岛旅游公路

全长： 988 公里

覆盖区域： 海南环岛沿海地区

途经市县： 海口、文昌、琼海、万宁、陵水、三亚、乐东、东方、昌江、儋州、临高、澄迈 12 个市县

主打资源： 滨海旅游资源

主要景观： 大海沙滩、悬崖岬角、火山海岸、灯塔风车、河口海域、椰林花海、港口渔村、海岛田园、红树林湿地等

特色玩法： 海边漫步、海上运动、环岛骑行、赶海摸螺、赏海上日出日落、探访渔村、品尝生猛海鲜、观看卫星发射、红树林湿地观察、野奢露营、玩转水上乐园等

| 依山“内环” |

环热带雨林国家公园旅游公路

全长： 466 公里

覆盖区域： 海南中南部

途经市县： 三亚、保亭、陵水、琼中、儋州、白沙、昌江、东方、乐东 9 个市县

主打资源： 热带雨林资源

主要景观： 雨林山峦、幽谷瀑布、湖泊溪流、黎族苗族村落、珍稀动植物、喀斯特溶洞、天然石林、水库大坝、陨石坑等

特色玩法： 徒步登山、雨林漂流、山地骑行、溯溪观瀑、温泉体验、星空露营、康养度假、观云海日出、自然教育、鸟类观察、深度体验黎族苗族文化等

HAINAN TROPICAL RAINFOREST NATIONAL PARK SCENIC ROUTE

一路贯通 探秘雨林

闭上眼，你能想象到的海南，是什么样的？

是蓝色的。约 200 万平方公里的蓝色海洋，温柔环抱着约 3.54 万平方公里的美丽海岛。是绿色的，岛中央那片面积 4269 平方公里的海南热带雨林国家公园，宛如一颗巨大的绿色心脏，跳动着这个海岛最鲜活的旋律。

是的，除了广阔的海洋，海南还拥有中国分布最集中、类型最多样、保存最完好、连片面积最大的大陆性岛屿型热带雨林。于是，继沿着海岸线画了一个圈的"海南环岛旅游公路"之后，海南又打造了另一条专门为"旅游"而生的环线公路——海南环热带雨林国家公园旅游公路。这条于 2024 年年底全新上线、长达 466 公里的公路，宛如一条灵动的绿丝带，串起海南 9 个市县，将海南热带雨林国家公园尽揽怀中，为我们解锁了一幅全新的海岛旅行画卷。

这是一条通往热带雨林深处的探秘之路。沿着这条环线旅游公路前行，海南热带雨林国家公园便可在你眼前徐徐展开它的壮丽画卷，错落有致，层次分明。这里是全球生物多样性热点之一，生物多样性指数可与亚马孙热带雨林相媲美，堪称全球种质基因资源库的重要构成。站在 1867 米的五指山顶环顾这片广袤的"绿色水塔"，这片雨林如同一颗绿色心脏维系着海南岛不可或缺的生态系统。南渡江、昌化江、万泉河从这片神秘的雨林发源而来，犹如三条奔腾不息的巨龙，灌溉着生机勃勃的海南大地。

这条旅游公路环绕的主角就是约占海南岛陆域面积 1/8 的海南热带雨林国家公园。我们从三亚的山海之间出发，进入这条郁郁葱葱的雨林之路，在原生态的山水自然间疗愈身心；然后再穿越时空，去解锁神秘雨林里的居民的生活方式，了解黎族苗族同胞千百年来传承的灿烂非遗文化；最后继续深入雨林，去探秘这个神奇世界里的万千物种，在阳光雨露下肆意生长的奥秘。一路贯通，探秘雨林——三段不同的玩法呈现出海南岛全新的旅行体验。12

海南
环热带雨林国家公园
旅游公路

个雨林推荐体验点、66 种雨林打卡方式以及 4 条经典旅游线路推荐，还可以为想要深度游玩的朋友解锁更多有趣而新鲜的雨林玩法。

这就是海南，每一次林间的风动都像是一笔灵感，在群山的雨雾氤氲间绘就出“只此青绿”的画作。当你见证阳光如金色的丝线透过层层叠叠的枝叶缝隙，与雨露共同孕育这片神秘雨林间的生灵；当你深入雨林腹地，聆听地球上极度濒危的灵长类动物嘹亮婉转的歌鸣；当你看见“蕨类植物之王”桫椤仿佛穿越时空而来，历经亿万年仍见证着这片土地的沧海桑田……这个美丽的海岛，值得体验的当然绝不仅有海洋，还有由这条旅游公路开启的雨林秘境。

这里，就是海南环热带雨林国家公园旅游公路。

如果你曾画圈拥抱了海南环岛旅游公路那片星辰大海，我们希望能邀请你沿着这条新的环线旅游公路，继续深入海南岛腹地，去探访这片中国最壮观的热带雨林景观。与我们一起，将身心交与这片充满负氧离子的绿色秘境，一起“森”呼吸，与大自然进行一场亲密无间的对话。

一路贯通，探秘雨林！

自驾指南

目录

Part 1
关于海南热带雨林国家公园

Part 2
出发前

Part 3
在路上

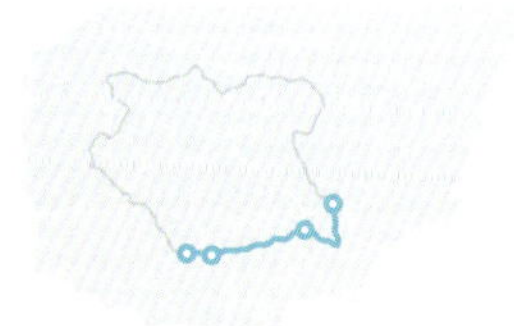

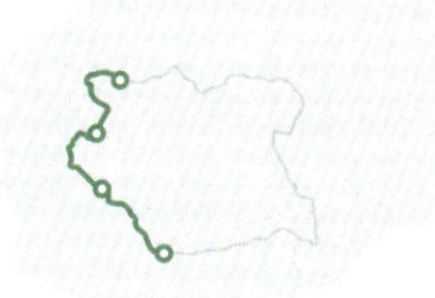

Part 4
更好玩

CONTENTS

环热带雨林国家公园旅游公路

神秘雨林在哪里？

中国分布**最集中**、类型**最多样**、保存**最完好**、连片面积最大的大陆性岛屿型热带雨林。

五指山，海南第一高山，位于海南热带雨林国家公园核心区域，
有“海南屋脊”之称。五指山因五峰相连形如手指而得名，
其中五指山二峰海拔 1867 米，是海南岛的最高峰。

海南热带雨林国家公园

面积：4269 平方公里
森林覆盖率：95.9%
核心保护区：2331 平方公里
区域覆盖市县：五指山、琼中、白沙、东方、陵水、昌江、乐东、保亭、万宁
海拔 TOP5 山峰：五指山（1867 米）、鹦哥岭（1812 米）、猴猕岭（1655 米）、黑岭（1560 米）、雅加大岭（1505 米）

植被类型：热带低地雨林、热带山地雨林、热带针叶林、高山云雾林
高等植物：4367 种
国家重点保护植物：149 种
海南特有植物：419 种
野生脊椎动物：651 种
国家重点保护野生动物：134 种
海南特有野生动物：23 种

* 数据来源于海南热带雨林国家公园管理局
采集截至 2024 年 12 月

2023.8.19

国家林业和草原局发布了首批国家公园总体规划，规划期为 2023 年至 2030 年。

2022.1.19

“海南热带雨林和黎族传统聚落”申报世界遗产，该项目被联合国教科文组织世界遗产中心列入世界遗产预备清单。

2024.9.11

海南国家公园建设工作领导小组办公室在生态保护、自然教育、生态旅游等领域印发一系列规划，为海南热带雨林国家公园保护与发展提供基础支撑。

1 宝 4 库

国宝、水库、粮库、钱库、碳库

海南热带雨林国家公园是热带生物多样性、遗传资源的宝库。这里是自然的水库，水系密集，滋养万物；这里是万物的粮库，热带水果、珍贵药材，应有尽有；这里也是百姓的钱库，生态旅游、林下经济，繁荣周边百姓生活；这里还是地球的碳库，固碳增汇，守护气候。

7 个片区

黎母山、霸王岭、鹦哥岭、五指山、吊罗山、尖峰岭、毛瑞

海南热带雨林国家公园拥有着海南岛海拔跨度最大、最为齐全的森林植被类型，这里被划分为黎母山、霸王岭、鹦哥岭、五指山、吊罗山、尖峰岭、毛瑞七个片区，每个片区都藏着自然的秘密，造就了海南热带雨林秘境。

海南之心

——海南热带雨林国家公园

作为中国首批 5 个国家公园之一的海南热带雨林国家公园，是海南全岛生态系统的强大绿色心脏。

想象一下，如果你站在 4269 平方公里的绿色海洋中，你会不会感到自己渺小得像一粒沙子？

海南热带雨林国家公园东起万宁南桥镇，西至东方板桥镇，南至保亭毛感乡，北至白沙青松乡，约占海南岛陆域面积的 1/8。

在这片土地上，林地是绝对的主角，它以 3829 平方公里的面积，占据了国家公园总面积的 89.7%。群山怀抱中，低地雨林以其湿润性和常绿性著称，树木郁郁葱葱，板根、老茎生花等奇观令人叹为观止。随着海拔的升高，山地雨林逐渐展现出其独特的魅力，蕨类、竹类、苔藓等植物竞相生长。在海拔更高的地带，针叶林与云雾林交相辉映。这里是热带雨林和季风常绿阔叶林交错带上唯一的“大陆性岛屿型”热带雨林，是中国分布最集中、保存最完好、连片面积最大的热带雨林。同时，这里也是中国热带生物多样性保护工作的关键区域。

山岭层峦叠嶂，水系蜿蜒入海，毫不夸张地说，这片雨林构建了整个海南岛的绿色生态系统。

其生物多样性指数与亚马孙热带雨林相媲美，是全球生物多样性热点之一。

这里还孕育了众多海南特有的生物种类，如海南长臂猿、海南坡鹿、坡垒和海南苏铁等，

拥有 4367 种高等植物，651 种野生脊椎动物，是全球种质基因资源库的重要构成。

此外，这里也是全球最濒危的灵长类动物——海南长臂猿的唯一栖息地，截至 2024 年 6 月，仅存 7 个群体，共计 42 只个体。

在这片广袤的森林中，2331 平方公里被划为神圣的核心保护区，它占据了整个国家公园总面积的 54.6%，就像是一颗璀璨的宝石镶嵌其中。而 1938 平方公里的一般控制区则像是环绕宝石的光环，占总面积的 45.4%。南渡江、昌化江、万泉河等海南岛主要江河发源于此，如飘逸的缎带一般，让宝石充满了无限光彩。

雨林秘境 万物竞奇

海南热带雨林国家公园是热带生物多样性和遗传资源的宝库。在 4269 平方公里的公园内，万物竞奇，恣意生长，是一个神奇的生态物种世界。

动物世界
绿野仙踪藏兽影

在这片神奇的土地上，从哺乳类到爬行类再到两栖类，从鸟类到鱼类，651 种野生脊椎动物在此栖息，勾勒出一幅幅生命的画卷。

（数据资料来自海南热带雨林国家公园管理局）

头顶“黑帽”的海南长臂猿是海南热带雨林生态系统的旗舰物种，目前仅分布在海南热带雨林国家公园霸王岭片区。每天清晨，从海南长臂猿猿群发出第一次鸣叫，声音高亢洪亮，以此来标志其领地。截至 2024 年 6 月，这一全球极稀有的灵长类动物，物种仅存 7 个群体，共计 42 只。| 对页图 |

海南坡鹿是特产于海南岛的热带珍稀鹿种，属国家 I 级保护动物，与国宝大熊猫同等珍贵。海南坡鹿体形似梅花鹿，心形的大鼻头、一对“远视眼”，特殊的生理结构帮助它感知周围环境中的细微变化，当“警报”拉响，这群“跳跃高手”纵身一跃，再落地已是 6 米远的距离。

在雨林的暗处，还潜藏着一些狡猾的杀手。**海南尖喙蛇**是海南特有物种，作为树栖蛇，它凭借通体绿色的伪装手段，藏匿于树上，以蛙类等小型动物为食。它潜伏在猎物附近，如同一位隐身的刺客，耐心地等待最佳出击时机。

而**海南睑虎**、**霸王岭睑虎** | 本页左图 | 、**尖峰岭睑虎**这三位“睑虎兄弟”，它们像是雨林中的“伪装大师”，凭借身上的斑驳色彩和独特花纹，在岩石和树干上巧妙地隐藏自己，展现了雨林生物的独特生存智慧。

此外，“山林歌者”**海南柳莺** | 本页右图 | 、“雨林稀客”**海南山鹧鸪**、“攀岩高手”**海南湍蛙**、“林中仙子”**白鹇**……生活在雨林中的神奇动物们，或翱翔于天际，或穿梭于林间，或悠然于水面，各自演绎着生命的传奇。

植物世界
热带密林植趣浓

在这片肥沃的土地上，从苔藓到蕨类，从裸子到被子植物，野生植物如繁星般点缀，4367 种高等植物谱写出珍奇万状的生态乐章。

在海南热带雨林国家公园中，珍稀植物如隐世的宝藏，不断被人们发现。金樽水玉杯，是 2024 年在这片雨林中新发现的物种。其通体金黄、花形如杯，形似中国古代的金色酒樽，如同雨林中的精灵，它对环境挑剔至极，从枯枝腐叶里破土而出，像一盏盏“黄灯笼”。它的存在，是海南热带雨林国家公园生物多样性与独特生态环境的见证。

海南苏铁和桫椤，作为雨林中的“活化石”，见证了海南热带雨林的悠久历史与沧桑变迁，静静地守候在这片土地上，那粗壮的枝干和繁茂的叶片，仿佛在诉说着生命的坚韧与顽强。|本页左图为桫椤|

药用植物，是这片雨林的另一笔财富。伯乐树、血叶兰、 海南牛大力……它们在传统医学的宝典中各有千秋。伯乐树的树皮，是筋骨痛患者的福音；血叶兰，是滋阴润肺的良药；海南牛大力，是煲汤的上品，补肾壮阳，润肠通便。这些植物是大自然的馈赠，是古老智慧的结晶。

除了植物和动物，**蘑菇**——这一大型真菌同样占有举足轻重的地位，在海南热带雨林，寄生、腐生和共生三类不同营养类型的蘑菇扮演着不同角色，对维持生态系统的平衡起到了至关重要的作用。|本页右图|

海南热带雨林国家公园，不仅是生物多样性的宝库，更是生态价值的宫殿。这里的植物种类繁多，它们编织出复杂的生态系统，维系着雨林的生物多样性。在这首绿意盎然的诗篇中，每一株植物都扮演着不可或缺的角色，共同谱写着生命和谐的乐章。

雨林迷雾探奇观

穿越整个雨林主线，便走进了奇花异树的世界，热闹非凡，“板根现象”“老茎生花”“绞杀现象”“独树成林”“空中花园”……在这个充满活力的生态系统中，生物们为了抢夺资源和空间，上演了一场场惊心动魄的生存大戏，演绎着一幕幕雨林奇观。为了在这场战斗中脱颖而出，它们进化出了各种让人拍案叫绝的生存绝技。

雨林喀斯特地貌：在海南，喀斯特地貌与热带雨林的完美结合主要分布在霸王岭片区的俄贤岭和毛瑞片区的仙安石林。

老茎生花：花开在接近地面的树干上能获得更多授粉机会，还有利于输送养分，减少能量消耗。

巨叶植物：许多植物巨大的叶子可以容纳数人避雨，这是热带雨林植物适应弱光环境的智慧。

| 本页左图 |

滴水叶尖：热带雨林很多植物普遍具有“滴水叶尖”，雨林的水汽沿着叶脉汇集到叶尖，形成了“滴水”。

藤本攀附：大型藤本植物靠缠绕或攀缘于其他树木来争夺阳光，林下只见其藤不见其遮天蔽日的枝叶。

独木成林：榕树枝条上的气生根向下伸入土壤形成新的“树干”，又和枝干交织在一起，形似稠密丛林。

根抱石：落在石头上的种子生根发芽，顺着石头不断生长，最终将石头紧紧抱住，形成树中石、根抱石。

板根：热带雨林中的一些巨树，在树干的基部延伸出一些翼状结构，形如板墙。

植物绞杀：绞杀植物的气根沿着寄主树干爬到地面抢夺养分、水分，逐渐长成网导致寄主死亡。

空中花园：鸟巢蕨等附生植物一旦遇到合适的环境就会萌发生长，形成独特的“空中花园”景象。

| 本页右图 |

雨林深处
世代栖息的居民

海南热带雨林国家公园不仅是自然的王国，更是黎族与苗族群众世代栖息的家园。千百年来，他们与这片神秘雨林共生共息，传承着隐藏在雨林深处的文化瑰宝。

雨林深处有人家

黎族，作为海南岛最早的居民，其历史可以追溯到古代百越族的后裔。在黎族内部，由于迁居、登陆海南的年代、地点等不同，他们分化成为哈黎、杞黎、润黎、赛黎和美孚黎五大方言群，编织着黎族的多元文化图谱。

| 对页图 |

苗族，同样在这片热带雨林中繁衍生息，据史书记载，他们是在 16 世纪时漂洋过海来到琼岛，曾长期以“游耕”的方式，繁衍生息于此地。在海南，苗族人口仅次于黎族，分布广泛，主要集中分布在海南热带雨林国家公园范围内五指山、黎母山、雅加大岭三大山脉及周边的各市、县。| 本页图 |

一方水土养一方人，热带雨林得天独厚的自然环境和资源，为黎族和苗族的生产生活提供了良好的环境。漫山遍野的树木果实，雨林溪流的飞禽走兽，如同大自然的馈赠，为黎族和苗族带来了丰富的食物及药物。在这里，他们找到了新的希望与梦想，也将民族文化与智慧深深植根于这片热带雨林之中。

多彩民俗　非遗传承

在这片神秘雨林中生活的人们，风俗习惯深受热带雨林的地理环境和气候条件的影响，创造了独具特色的海南热带雨林民俗文化，其中不少已被列入非物质文化遗产名录之中。2023 年，海南以“海南热带雨林和黎族传统聚落”申报世界文化与自然双重遗产工作，以热带雨林和黎族文化为窗口，向世界展现海南的自然美、人文美、生态美。

黎族传统纺染织绣技艺是海南省唯一联合国教科文组织人类非物质文化遗产代表作项目，由此制成纺织品被统称为黎锦，被誉为中国纺织史上的“活化石”，织就出黎族人延续 3000 多年的热情与浪漫。此外，黎族树皮布制作技艺、黎族钻木取火技艺、苗族五色饭等一大批非物质文化遗产，都见证了人们与这片雨林相伴相生的历程。

非遗里的美食

山兰酒

是黎族采用所居山区一种旱糯稻（山兰稻米）酿制而得名，又称“biang”酒。

黎族 biang（黎语）酒酿造技艺，海南省省级非物质文化遗产代表性项目，2017 年入选。

苗族五色饭

用天然植物染料，如桑叶、红蓝藤叶等，将山兰糯米染成黑、红、黄、白、紫五种颜色，蒸熟而成。

苗族五色饭制作技艺，海南省省级非物质文化遗产代表性项目，2023 年入选。

白沙鱼茶

非茶，味酸而微咸，甘香可口，也是海南黎族苗族同胞招待贵宾的主要菜肴。

白沙鱼茶肉茶制作技艺，海南省省级非物质文化遗产代表性项目，2023 年入选。

非遗里的技艺

黎族传统纺染织绣技艺

是中国乃至世界上最古老的纺染织绣技艺之一，包括纺纱、染色、织布、刺绣四大工序。| 本页左图 |

国家级非物质文化遗产代表性项目，2006 年入选；联合国教科文组织《人类非物质文化遗产代表作名录》，2024 年入选。

黎族船型屋营造技艺

形似一艘艘倒扣的木船，屋顶覆盖着厚厚的茅草，墙壁则用竹篾或树皮编织而成。| 本页中图 |

国家级非物质文化遗产代表性项目，2008 年入选。

黎族原始制陶技艺

海南岛制陶历史悠久，制陶过程由挖陶、晒陶土、制坯、点火烧陶等 12 个步骤组成。| 本页右图 |

国家级非物质文化遗产代表性项目，2006 年入选。

非遗里的民俗

黎族民歌

讲究节奏韵律，多采用独唱、对唱形式演唱，以黎族特有的民乐伴奏。

国家级非物质文化遗产代表性项目，2008 年入选。

苗族民歌

以质朴、爽朗著称，心想即为口唱，是来自大自然的原生态歌唱。

国家级非物质文化遗产代表性项目，2014 年入选。

黎族打柴舞

黎族民间最具有代表性的舞种，起源于古崖州地区（今海南三亚）黎族的丧葬习俗。| 本页图 |

国家级非物质文化遗产代表性项目，2006 年入选。

海南苗族盘皇舞

苗族以“盘皇”为祖先，逢重大节日便以盘皇舞祭祀，祈求风调雨顺，子民安康。

国家级非物质文化遗产代表性项目，2021 年入选。

黎族三月三节

是海南黎族人民悼念勤劳勇敢的祖先、表达对爱情幸福向往之情的传统节日。

国家级非物质文化遗产代表性项目，2006 年入选。

Part 2
出发前
环热带雨林国家公园旅游公路

环绕 4269 平方公里的雨林秘境，466 公里的海南环热带雨林国家公园旅游公路应运而生。想要自驾深入领略神秘雨林的原生态风光和独特人文，对“人和车的行前准备”有着很细致的要求。无论是岛内租车还是开车上岛，你需要的出行干货都在这里，还有探秘雨林必备的装备清单和注意事项奉上，让你能更加便捷、愉快地开启这场“野”性十足的旅行！

出发，从搞定车开始

租车 or 开自己的车

如果你是岛内游客，可以选择租车，也可以驾驶自己的爱车出行。

如果你是岛外游客，可以乘坐飞机、火车、轮渡或客车抵达海南，再进行租车；也可以和自己的爱车一起坐上轮渡抵达海南，再自驾开启环热带雨林之旅。

如何租车

1. 租车前

选择租车平台 / 公司，注册认证。

· **租车平台推荐**

一嗨租车 400-888-6608 | 支持异地还车。
神州租车 400-616-6666 | 支持异地还车。
“海汽行” | 微信公众号 | 仅海口、三亚设有门店。

2. 选车

选择取车城市和取还车时间，挑选车型

可根据驾车习惯、出行人数、装备数量、旅程长度、租车预算选择合适车型，并注意了解租车条款和费用及保险政策。海南各市县均配有加油站及新能源车的充电桩，可根据实际情况选择。

3. 取车

车辆检查和验收，开启旅程

出示证件： 出示驾驶员本人有效身份证原件 + 驾驶证原件（支持 12123 电子驾照）。

验收车辆： 仔细检查车辆外观和内部状况，并与租车公司共同记录任何现有的损坏或问题。

询问归还要求： 确认租车公司对车辆归还的要求，包括加油、清洁、归还时间和地点等。

4. 还车

归还车辆，结算费用

归还车辆： 可按照约定的时间和地点归还车辆。还车时，请仔细检查车辆的外观和内部状况。如果有任何新的损坏或问题，请务必告知租车公司。

确认费用： 完成还车前，请确认所有费用的准确性和合法性，包括租金、保险、里程限制、加油和违章处罚等。最后请检查所有个人物品，确保没有遗落在车内。

如何开自己的车上岛

确定过海港口并提前购票

开自己的车前往海南，必须经水路抵达。海南水路交通较发达，与广东、广西均有轮渡往来，其中，广东湛江与海南海口往来的轮渡最频繁。

广东→海南

自驾至广东湛江，再乘坐轮渡到达海南海口。海口有新海港、秀英港和南港三个港口，分别对应三条航线，分别是“徐闻港—新海港”“海安新港—秀英港”和“北港—南港”，每天均为 24 小时发班，可按自己的需求选择其一。三条航线都只能到达海口，要前往三亚等其他市县需要自驾。

广东—海南航线详情

徐闻港—新海港

航行时间
约 90 分钟
票价
一车一司机 415.50 元
随车人员每人 41.50 元（成年）
特点
以客运和汽车轮渡为主，新海港码头距离海口市区约 18 公里，是海南最新、最大的客滚运输港口
购票方式
①建议通过网上预约购票（购票请关注“琼州海峡轮渡管家”微信公众号）
②通过港区内的售票窗口、自助售票机购票

海安新港—秀英港

航行时间
约 120 分钟
票价
一车一司机 415.50 元
随车人员每人 41.50 元（成年）
特点
以客运和汽车轮渡为主，秀英港码头距离海口市区约 5 公里
购票方式
①建议通过网上预约购票（购票请关注“琼州海峡轮渡管家”微信公众号）
②通过港区内的售票窗口、自助售票机购票

3

北港—南港

航行时间：约 80 分钟
票价：一车一司机 415.50 元
随车人员每人 41.50 元（成年）
特点：以火车轮渡、客运和汽车轮渡为主，24 小时滚动发班，南港码头距离海口市区约 20 公里
购票方式：
仅支持网上预约购票
（购票请关注“铁路轮渡”微信公众号）

广西→海南

广西北海港可乘轮渡到达海南海口，在北海港客运站上船，海口新海港下船。

广西—海南航线详情

北海港—新海港

航行时间
约 720 分钟
票价
一等 A 舱 400.00 元 2 人房
一等 B 舱 320.00 元 2 人房
二等舱 220.00 元 4 人房
三等舱 180.00 元 8 人房
四等舱 160.00 元多人房

车辆费用：
650.00元/车（不含驾驶员）
特点：小车过海不支持网上购票，请于开船当日到港区内的售票窗口购买小车车票，车辆需提前 3 小时左右进港待渡。
购票方式：
进岛的旅客可通过“新海港”“琼州海峡轮渡管家”微信公众号、“轮渡管家（App）”进行预约购票。

*** 新能源车过海规则需电话咨询各港口，以实际情况为准。**

小贴士

网上可预售 5—7 天内的船票；
节假日期间过海车辆较多，建议提前预约购票；
轮渡易受极端天气影响导致停航，其中海南冬春多大雾天气，夏秋多台风天气，出行前务必多关注天气。
海口 · 新海港、秀英港客服热线：0898-9693666
海口 · 南港客服热线：0898-31684464
广东 · 海安新港客服热线：0759-4683286
广东 · 徐闻港客服热线：0759-4663889
广西 · 北海港客服热线：0779-3922386

*** 各港口轮渡航线和航次随季节、天气不同时有调整，具体请关注官方公众号，以实际情况为准。**

自驾，这些攻略必须知道

关于自驾的起点

为方便游客，本书推荐以三亚作为自驾的起点开启旅行，作为成熟的滨海旅游城市，三亚交通便利，配套完善，租车、购物选择丰富。而自驾开车乘坐轮渡过海进岛的游客可在抵达海口之后，沿着海南环岛高速（东线或西线）到达三亚后开启旅行；也可以沿着海三高速抵达琼中开启你的雨林自驾之旅，或由山海高速、万洋高速以及更多的国道、省道到达你想要出发的路段。

关于自驾线路规划

· 海南环热带雨林国家公园旅游公路

你可以参考本书的规划，从三亚出发，逆时针沿着海南环热带雨林国家公园旅游公路转上一圈，从“无尽蔚蓝”驶入“只此青绿”，探秘隐藏在海岛中南部的绿色仙境，开启一场雨林“森呼吸”之旅；也可以从本书推荐的 3 条主题路段中任选一至两条进行体验，其中穿山越海之旅（三亚—保亭—陵水）旅游配套成熟，适合想要休闲度假的朋友；民族风情之旅（琼中—儋州—白沙）大部分深入雨林腹地，可以感受海南浓郁的民族风情；生态秘境之旅（昌江—东方—乐东）“野”性十足，可以满足你对雨林“神秘之境”的向往。

· 双环旅游公路组合

如果你有充足的假期，可以尽情发挥自己的旅行灵感，将“环岛旅游公路”和“海南环热带雨林国家公园旅游公路”进行串联或者任意组合，这样可以同时把海南的阳光大海和雨林山峦景致收入眼中，乐享一场美好且丰富多彩的海南深度游。

温馨提示：海南环热带雨林国家公园旅游公路途经海南 9 个市县，五指山市则被环绕在这条旅游公路的中心，不直接经过，但作为海南岛海拔最高的山城，这里有着海南的最高峰“五指山”以及红峡谷漂流等旅游目的地，也是一个非常值得打卡的城市！每年农历三月三，水满乡的黎峒文化园还会举办盛大而又壮观的“三月三”节庆活动，可以让你深度体验海南传统文化。海三高速和山海高速以及旅游公路的许多路口都可经国道、省道等道路让你快速通往五指山，一探究竟。

关于车辆检查

海南环热带雨林国家公园旅游公路较长，部分景点远离市中心，部分雨林景区还将途经盘山公路，因此在长途旅行出发前，请做好车辆的检修和保养工作。

另外，每次出发前，都应确认油量或者电量是否足够以及车内仪表是否有故障灯常亮。

关于沿线加油站和充电站

海南环热带雨林国家公园旅游公路位于海南中南部山区，无论是加油站还是充电站，比“海南环岛高速”和“海南环岛旅游公路”都偏少，且许多雨林景区山路较多，因此出行前请根据行程距离做好加油和充电的规划。

关于收费站

海南是全国第一个没有公路收费站的省份。海南环热带雨林国家公园旅游公路、海南环岛旅游公路以及所有高速公路，都不设卡收费，让你拥有“一脚油门踩到底”的自驾体验。

驾驶注意事项

海南环热带雨林国家公园旅游公路位于中南部山区，出发前应尽量了解所行驶路段的长度、地形、天气、海拔变化等情况，以便做好充分准备。

山区道路应减速慢行，与前车保持足够的安全距离。下坡时，不要频繁连续踩刹车，以免刹车失灵。

进入盘山公路弯道多、视线不佳，转弯时应降低车速，提前通过喇叭和灯光示意，不得占用对向车道过弯。

雨天道路湿滑，能见度降低，应保持低速行驶，避免急刹车和急打方向。

如需停车游玩，请遵循交通指引，请勿将车停在弯道处和坡度较大的地方。停车后拉紧手刹，以防止溜车。

如遇连续强降雨天气，行车时要认真观察，警惕山体滑坡和落石，切勿在危险地带长时间停留。

海南除电动车和摩托车较多，村庄附近常有牛、羊、鸡等动物出现，行车中应注意避让，切勿肆意鸣笛。

夏天气温较高，尤其是午后长时间驾驶容易犯困，此时应注意停车休息。

海南旅行小贴士

海南地形什么样？

海南岛地形中间高、四周低，以五指山、鹦哥岭为高耸的中心，向四周沿海逐渐降低。本次环热带雨林自驾之旅途经的正是位于海南岛中南部的原始雨林山区。

海南天气怎么样？

处于热带季风气候区的海南，常年温暖湿润，再加上茂密雨林和四面海洋的调节，使得这里夏无酷暑，冬无严寒。海南年平均气温 22.5 ~ 25.6℃，最冷月份为 1 ~ 2 月，最热月份为 6 ~ 7 月，夏秋多雨，四季不分明，从体感上甚至可以说是只有夏和冬。夏天相对漫长，一般开始于 3 月末或 4 月初，可以一直持续到 11 月，虽然紫外线强烈，但不时的雨水和海风也带来了清凉。冬天，海南岛中部高耸的山脉挡住了来自北方的冷空气，因此只要天气晴朗，在三亚等南部城市依然感觉温暖舒适。

当你走进雨林片区后，这里的气候又是另一番景象。海南热带雨林终年湿润多雨，没有明显的季节变化。较高的海拔以及遮天蔽日的原始森林，使这里即便是在盛夏，也有着令人舒适的凉爽，是难得的避暑胜地。

*** 注意：海南冬春多大雾天气，夏秋多台风和午后强对流天气，出行前应多关注天气预报。**

什么季节去海南？

海南作为中国热带岛屿省份，四季常青，阳光充沛，不同的季节可以遇见不同的景色。冬春是前往雨林山间的好时节，不仅气候温和舒适，还可解锁一片依旧绿意盎然的世界，邂逅壮观的云海仙境等；海南的夏秋也同样迷人，这两个季节除了可以玩海，也非常适合躲进雨林里避暑纳凉，享受一场刺激的雨林漂流……

海南菜是什么口味？

海南美食主打两大特点：一是食材鲜活，二是原汁原味，因此口味多以清淡为主，偏好鲜甜，其中四大名菜分别为文昌鸡、嘉积鸭、和乐蟹、东山羊。来到海南，必须尝“鲜”试“野”：先去海边品尝一顿生猛海鲜大餐，再去雨林里吃一顿山野珍馐，五脚猪、小黄牛、蚂蚁鸡、乌烈乳羊、霸王岭山鸡、海南野菜等都是不可错过的“野奢”美食。

来海南住哪里？

海南住宿选择丰富多样，既有高端的滨海酒店，又有隐匿于雨林深山或乡野里的特色民宿。当然，也有众多的经济酒店、客栈和青年旅舍可供选择。“海南环热带雨林国家公园旅游公路”整体住宿条件没有“海南环岛旅游公路”那么便捷，其中三亚等沿海城市住宿选择较多，其他市县可考虑前往市区或县城住宿，也可以选择住进大自然里，在雨林山间湖畔做一回人间逍遥客。

来海南穿什么？

到海南旅行，一般建议预备短袖、短裤、短裙等清凉夏装，当然，如果怕晒的话也可以穿长裤和长裙。如果是冬季，北部需要备厚外套和毛衣，而南部大多数时候只需要加一件外套即可。此外，热带地区紫外线较强，因此遮阳帽、墨镜、防晒衣必不可少。如果你要前往雨林山区，那么需要相对应地“升级”一下装备哦！

雨林着装建议

建议戴宽檐遮阳帽，穿透气短袖 + 长袖防晒衣或外套 + 束脚长裤，以减少皮肤暴露，防止蚂蟥、昆虫钻入，也可以避免被带刺植物划伤。根据你的旅行目的地，也可预备手套、轻薄冲锋衣等。

登山的贴身衣物选择速干和透气性好的，贴身避免穿纯棉材质。

建议选择轻便、防水、防滑的运动鞋、徒步鞋或登山鞋，以应对雨林中湿滑的地面，请勿穿高跟鞋。

穿戴透气性好的运动护膝，可以更好地保护膝盖。另外，登山杖可以减轻腿部负担，还能用来探测前方路况。

旅行注意事项

出发前确保手机电量充足，雨林中信号可能不佳，请提前把线路等资料截图保存。

大部分山上没有小卖部，登山前应携带足够的水或能量食品（如面包、巧克力、牛肉干等）。

山上绿植茂密，蚊虫较多，建议携带驱蚊水。

山区气候变化无常，注意携带雨具，适当增减衣服，做好保暖或避暑工作。遇到暴雨、台风等恶劣天气请勿进山。

游玩时注意掌握时间，避免天黑后逗留雨林内部或陌生地区。

雨林内道路湿滑，注意脚下安全，避免摔伤。

进入林区注意防火，禁止吸烟、使用明火和燃放烟花爆竹。

禁止攀折、食用野果或蘑菇，严禁伤害、捕捉野生动物。

热带雨林生态环境极其脆弱，请将垃圾随身带走。

海南海况复杂，请勿在非游泳区游泳。

受台风影响期间，非必要不出行，尤其要远离海边、河边、山里、树下等危险区域。

进入雨林景区，请按指定线路游览，禁止进入海南热带雨林国家公园核心区以及景区的非开放区域，不得靠近危险水域或擅自下水游泳。

雨林旅行装备清单

一级必备	按需配备
宽檐遮阳帽	照相机
墨镜	无人机
防晒霜	头灯
遮阳伞 / 雨伞	救生门哨
驱蚊液	保温毯
充电宝	多功能雨披
登山杖 + 登山鞋 + 运动护膝	指南针
饮用水 + 能量食品	对讲机
药品	卫星电话
	露营装备

非自驾上岛交通

进入海南岛主要是通过飞机、火车和轮渡三种交通工具，其中，搭乘飞机前往海南是最便捷的选择，火车和轮渡则是靠近海南岛的游客的最佳选择。

航空

海南岛主要有三个民用机场，分别是海口美兰国际机场、三亚凤凰国际机场、琼海博鳌国际机场。

海口美兰国际机场

· 现有 T1 和 T2 两座航站楼，相距约 1 公里，有免费的摆渡车可乘坐，约 10 分钟一班。
· 位于海南岛北部，海口市美兰区。
· 距市中心约 24 公里。
· 可乘坐高铁、市郊列车、机场巴士、出租车、网约车和公交车等往返。

三亚凤凰国际机场

· 现有 T1 和 T2 两座航站楼，步行可互达。
· 位于海南岛南部，三亚市天涯区。
· 距市中心约 14 公里。
· 可乘坐高铁、机场巴士、出租车、网约车和公交车等往返。

琼海博鳌国际机场

· 现有 T1 和 T2 两座航站楼，步行可互达。
· 位于海南岛东部，琼海市中原镇。
· 距市中心约 21 公里。
· 可乘坐出租车、网约车等往返。

铁路

粤海铁路是中国第一条跨海铁路。通过铁路前往海南，可以解锁“乘坐火车漂洋过海”的新体验，全程旅客无须下车，车票可通过“铁路 12306”App 预订。

轮渡

海南水路交通较为发达，与广东、广西均有轮渡往来，其中，广东湛江与海南海口往来的渡轮最频繁。

广东→海南：广东湛江有徐闻港、海安新港和北港三个港口，分别对应三条航线。乘坐“徐闻港—新海港”或“海安新港—秀英港”航线的游客，可关注“新海港”或“琼州海峡轮渡管家”微信公众号查询具体航班信息和购票；乘坐“北港—南港”航线，可关注“铁路轮渡”微信公众号查询具体航班信息和购票。船票价格为全价票 41.50 元 / 人，半价票 22.50 元 / 人。

广西→海南：从广西北海港出发抵达海南海口新海港，乘船时间约 12 小时。可关注“新海港”或“琼州海峡轮渡管家”微信公众号查询具体航班信息和购票。

岛内交通

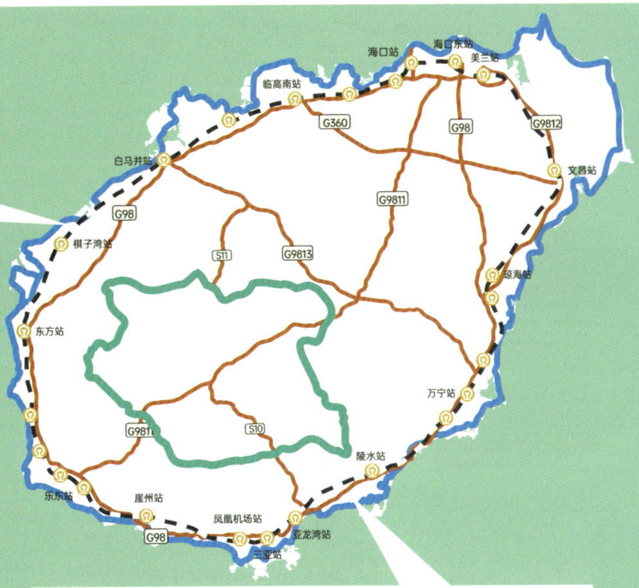

海南环热带雨林国家公园旅游公路

公路全长 466 公里，途经海南岛中南部 9 个市县，将海南热带雨林国家公园内多个旅游景区串珠成链。驰骋在蜿蜒的雨林山水间，不仅可以深入探索“海岛绿心”这片神秘之境，还能感受海南独特而灿烂的民族文化。

海南环岛旅游公路

公路全长 988 公里，串联了海南岛 12 个滨海市县各具特色的资源与风情，非常适合自驾的游客慢行感受海南独特的滨海自然风光和人文魅力。

环岛高铁

海南环岛高铁是全球第一条环岛高铁，线路全长 653 公里，途经 12 个沿海市县（海口、文昌、琼海、万宁、陵水、三亚、乐东、东方、昌江、儋州、临高、澄迈）。其中，自海口到三亚，用时最快约一个半小时。

海南高速

海南现已建成环岛高速（G98）、海三高速（G9811，即中线高速）| **对页图** |、文临高速、万洋高速、海文高速、文琼高速、山海高速、儋白高速等高速公路，形成“一环一纵三横四联”的高速公路网，实现了“岛内县县通高速”。（图例内容来源于海南测绘地理信息局 2024 年 8 月发布版本）

省内客运

海南各市县之间有班车互发，车票可通过“海汽行”微信公众号预订。

*** 交通信息以实时情况为准。**

推荐航拍点

航拍无人机可从空中俯瞰海南热带雨林国家公园的雨林秘境和青山碧水，带给你截然不同的视觉体验。以下是几个出片率较高的航拍点：

- **保亭 · 七指岭水库**
- **白沙 · 九架岭**
- **陵水 · 小妹水库**
- **昌江 · 十里画廊**
- **琼中 · 百花岭**
- **东方 · 俄贤岭**
- **儋州 · 松涛水库**
- **乐东 · 尖峰岭**

*1. 在进行无人机航拍时，请遵守相关法规和规定，未经许可，不得在机场、军事禁区、铁路等重点地区进行飞行。
2. 雨林内树木茂密，视线不佳，飞行需谨慎。尽量选择在空旷无遮挡的开阔地带飞行。

"海南环热带雨林国家公园旅游公路"环绕"海南热带雨林国家公园"一圈，途经海南岛中南部 9 个市县，拥有不同的雨林风情。有些路段穿过雨林就可以拥抱大海，也有通向大山下充满着浓郁民族风情的田园路段，还有可以体验万千物种在阳光雨露之中肆意生长的秘境路段。

那么，就从三亚开始，一起来体验三个不同主题的雨林自驾之旅吧：

1. 穿山越海之旅（三亚—保亭—陵水）
2. 民族风情之旅（琼中—儋州—白沙）
3. 生态秘境之旅（昌江—东方—乐东）

海南环热带雨林国家公园旅游公路
HAINAN
Mountain and Sea Route
穿山越海之旅

三亚 › 保亭 › 陵水

Sanya Baoting Lingshui

Mountain and Sea Route 穿山越海之旅

保亭 · 神玉岛

出发速览

线路全长

112.2 公里

途经市县

三亚、保亭、陵水

精彩亮点

山海梦幻联动
雨林奇趣徒步
森林温泉疗愈
百瀑吊罗探秘
梦幻黎乡体验

游玩指数

休闲度假 ★★★★★
影像记录 ★★★★★
雨林探秘 ★★★
美食江湖 ★★★★★
亲子旅行 ★★★★★

玩家画像

将旅行视为挑战自我、沉浸氛围、彰显格调的大体验家；乐于欣赏、感受文化多样性的文艺派爱好者以及寻求独特自然风光和浪漫旅行感受的格调玩家。

这里玩什么

作为海南环热带雨林国家公园旅游公路之旅的出发段，三亚—保亭—陵水段将带你开启一段“穿山越海”的奇趣旅程，这里有阳光与海风的浪漫邂逅，是热带风情与海洋文化融合的完美路段。

凭借得天独厚的自然风光、丰富的旅游资源和独特的文化魅力，这里已成为无数游客心中的度假天堂。在三亚亚龙湾热带天堂森林公园，不仅可以体验妙趣横生的雨林项目，还可以观赏到独特的雨林奇观。而有着“中国天然氧吧”美誉的保亭，热带雨林和野溪温泉为此地独有，是一处令人身心愉悦的世外桃源。从陵水前往吊罗山，一睹“海南第一瀑”——枫果山瀑布雄姿，畅游大里黎乡、泛舟小妹湖上，便是一篇百瀑雨林游记……

奇趣体验不止于山海游乐，那些藏在黎村苗寨中的宝藏美食，渔村里的舌尖风味，市井内的可口小吃，都将带你品“鲜”海南。

穿越山海，奔赴浪漫，这里热烈且真挚，快来感受独属于海南的那种超绝“松弛感”吧！

热带雨林国家公园游玩点

保亭：七仙岭、毛感旅游小镇、仙安石林
陵水：吊罗山、枫果山瀑布、小妹水库

Sanya road section

海南环热带雨林国家公园旅游公路

三亚段

三亚，旧称“崖州”，别称“鹿城”，被誉为“东方夏威夷”，是享誉国际的旅游胜地。三亚地处海南岛的最南端，位于北纬 18 度的黄金纬度线上，以热带海滨的迷人风光而闻名遐迩。

这里三面环山，山峦与海洋、河流相辅相成，每一处都散发着无尽的诗意与浪漫。海棠湾、亚龙湾、三亚湾、崖州湾……263 公里的黄金海岸线风情万种。天涯海角游览区、南山文化旅游区、蜈支洲岛、西岛等众多知名景区玩法多样，吸引着无数游客。亚龙湾热带天堂森林公园、抱龙国家森林公园、鹿回头风景区内群山怀抱，重峦叠嶂，景色旖旎，是人们眺望三亚千面美景的绝佳之地。

海南环热带雨林国家公园旅游公路·三亚段略显矜持，它虽不在热带雨林国家公园那最为人所熟知的领域内，却以另一种方式，讲述着三亚令人心动的雨林秘密。就像是一场精心策划的寻宝游戏，除了广为人知的阳光沙滩、椰影婆娑，三亚还拥有丰富的绿色资源：亚龙湾热带天堂森林公园内古树参天，抱龙国家森林公园有“城市绿肺”之称，六罗峡谷内奇石嶙峋，南塔水库飞流直下……那些隐藏在三亚密林深处的神秘生物和奇特景观等待你去发现，一场浪漫的多巴胺之旅已蓄势待发。

Sanya
三亚

关键词

森林探奇　水帘飞瀑　峡谷徒步　浪漫打卡　亲子休闲

海南环热带雨林国家公园旅游公路・三亚段全长 12.4 公里。该路段位于三亚育才生态区抱安村委会保文三村路段，地处三亚市西北部山区的育才生态区，是一个以黎族和苗族为主的民族聚居地，同时也是该市唯一没有海岸线的区域。

玩转雨林

亚龙湾热带天堂森林公园

亚龙湾热带天堂森林公园是一座滨海山地生态观光兼度假型森林公园，拥有着独特的热带雨林景观。园内耸立着大小山峰十几座，孕育了 1500 余种热带植物和 190 余种野生动物。拥有兰花谷、《非诚勿扰 2》主景地和山顶公园三大游览区域，包含过江龙索桥、全海景玻璃栈桥、雨林魔幻影院、雨林飞漂等 30 处打卡景点。

步入兰花谷，就像踏入了一个原生态的热带雨林迷宫。长达 1000 多米的回形步道仿佛一条绿色的丝带，在藤萝密布、溪水潺潺间蜿蜒伸展。兰花在这里竞相绽放，争奇斗艳，雨林奇观随处可见。在山顶公园，雨林飞漂是一场穿梭于山海雨林间的勇敢者游戏，3100 米的飞驰旅程中，你将与根抱石、高板根等热带生态奇观擦肩而过，还能与热带雨林的动物们来一场亲密无间的邂逅。而在公园的最高处，全海景玻璃栈桥是面向山海雨林的绝佳打卡点。此外，园区也是电影《非诚勿扰 2》、电视剧《亲爱的，热爱的》中的取景地，也为美丽的热带天堂增添了许多浪漫的艺术氛围。 | 本页上图 |

抱龙国家森林公园

三亚抱龙国家森林公园占地2800余公顷，属热带雨林区系，集山水、奇峰、林泉、野生动物、珍稀植物和天象奇观于一身，是森林生态旅游的绝佳去处。这里被游客戏称为三亚市天花板，最高峰尖岭海拔 1019 米，为三亚市的最高点。

山水之间，有流动的风景。热带低地雨林在这里连绵不绝，宛如一幅动态的山水画。红豆树、花梨、沉香、油棕、紫檀、乌檀等珍贵稀有物种，如同海洋中的璀璨珍珠，点缀其间，熠熠生辉。莲花岛、十万大山等 40 余处景点星罗棋布，甘露龙泉水蜿蜒流泻，周围负氧离子浓度含量极高，每一次呼吸，都像是进行了一场灵魂的洗礼。 | 本页下图 |

临春岭森林公园

临春岭森林公园紧临市区，坐落于三亚市凤凰路的临春路段，有 2800 亩之阔，是个“凉快之地”。公园建有公园主广场和登山栈道 5500 米，沿登山栈道建有逐鹿台、瞭望塔等观景点。如果你是一位热爱挑战、体力充沛的勇士，从北门出发，穿越公园的对弈台、凤凰林等景点直至逐鹿台，4 小时的时长，足够与自然来一场深度对话。而对于那些想要轻松享受自然之美的朋友，从正大门进入只需漫步约 2 公里，就能轻松抵达逐鹿台，都是不容错过的风景。

六罗峡谷

六罗峡谷是三亚河的源头，承载着无数三亚人的记忆与情感。峡谷长约 6 公里，两旁是连绵起伏的青山，景观公路沿河岸蜿蜒起伏。若渴望一场充满冒险精神的野趣之旅，徒步天涯区六罗峡谷将是一个理想选择。在这片林木繁茂、水质清澈的天地里，可与山溪亲密接触，感受大自然的神奇魅力。与之相连的峡谷更是徒步爱好者的天堂，无数户外探索者都在此留下了足迹。

*** 温馨提示：探秘“野趣”，一定要留意周边警示牌，注意安全。**

南塔水库

作为三亚的新晋网红打卡地，南塔水库位于三亚育才生态区，被誉为三亚的“黄果树瀑布”。诚然，在海南众多自然景观中，南塔水库虽无“飞流直下三千尺”的壮观之景，但也有着“灵山多秀色，空水共氤氲”的自然美感。

据估算，瀑布高约 20 米，宽度则横跨 70 ~ 80 米，瀑布面呈现出一抹优雅的凹弧形，被青山环抱，宛如大自然亲手雕琢的艺术品。当上游的水坝蓄满了水流，蓄积已久的力量便在这一刻爆发，河水如脱缰野马般奔腾而下，形成了一道气势恢宏的瀑布。| 本页图 |

三亚育才生态区

在育才生态区可以邂逅三亚鲜为人知的另一面。育才生态区拥有连绵起伏的青山和清澈如镜的水库，是黎族、苗族在三亚相对集中聚居的区域，保存着丰富的特色民族文化。

走进青法村、那受村等地，你可以深度了解黎族藤编技艺、黎锦纺染织绣技艺等非物质文化遗产；站在雅亮大桥上，远眺大隆水库的碧波荡漾，可以感受青山绿水、倒影摇曳的绝美景色；而南塔水库瀑布更是育才生态区的一大亮点。不仅如此，育才生态区还藏着火龙果基地与榴莲园的甜蜜秘密，你可以亲眼见证热带水果从播种到丰收的奇迹，亲自探索那份来自大自然的醇厚馈赠。

美味三亚

羊栏酸鱼汤

羊栏当地人利用杨桃的酸味去除鱼腥，搭配酸豆树叶和果、西红柿等，使得鱼肉鲜嫩，鱼汤酸度适中，开胃提神。

槟榔花鸡

顾名思义，是在槟榔树下饲养的鸡，与槟榔树上的花相结合，创造出一种三亚特色的药膳。食材是天然野味，汤汁咸鲜可口，鸡肉嫩香甜，不仅满足口腹之欲，而且有养肠胃的功效。

荔枝沟鹅肉

荔枝沟属于三亚一地名，虽然荔枝沟没有荔枝，但这里的鹅肉远近闻名。鹅肉鲜美细腻，常见的做法是水煮白切，搭配各家独特的蘸料。鹅肉之外，鹅肝、鹅肠、鹅掌等都是美味佳肴。

藤桥排骨

三亚的代表性美食之一，以其色香味俱佳而闻名。其选用藤桥本地农家自养的土猪排骨，经过精心腌制和慢火油炸，成品色泽诱人，味道绝佳。蜂蜜的加入使排骨外酥里嫩，香味在唇齿间久久不散。

港门粉

港门粉因三亚崖州区的港门村而得名。港门粉粉条细嫩，汤汁清甜，配以新鲜海鱼制成的鱼饼片，再撒上花生、虾米、葱花等配料，便是“色香味”俱全。| 本页图 |

斑斓凉虾

在三亚，斑斓凉虾以其清新口感和解暑功效而广受欢迎。它以一抹清新的绿色与红糖水交融，带来一种令人愉悦的凉爽感，口感软糯，清香宜人，让人欲罢不能。

雅亮“老鼠猪”

这个名字听起来可能让人犹豫，但它其实是三亚雅亮村的特产，当地称作五脚猪。这种猪体型紧凑，肉质细嫩清甜，骨头软脆，适合白切或干烧的烹饪方式。

渔村炸鸡

这个隐藏在三亚渔村的网红美食，追捧者众多。炸鸡外层裹着薄薄的面糊，炸至金黄酥脆，多汁可口。搭配店家秘制的酸甜醋料汁，其口味更加独特、好吃不腻，让人一吃就停不下来。

安游夜光螺

夜光螺产自三亚安游近海，新鲜美味。整螺用辣椒爆炒，螺肉爽脆有韧劲；白灼的做法则保留了螺肉的自然鲜美，即使是外地人也能尝出其中的“甜”。

更多好玩

如果你旅行时间较为充裕，不妨前往三亚沿海及其他城镇，探索更多的美好。

- **大小洞天旅游区** | 国家 5A 级旅游景区 |
- **南山文化旅游区** | 国家 5A 级旅游景区 |
- **天涯海角游览区** | 国家 5A 级旅游景区 |
- **蜈支洲岛旅游区** | 本页左图 | | 国家 5A 级旅游景区 |
- **鹿回头风景区** | 国家 4A 级旅游景区 |
- **三亚西岛海洋文化旅游区** | 国家 4A 级旅游景区 |
- **三亚水稻国家公园** | 国家 4A 级旅游景区 |
- **三亚亚特兰蒂斯景区** | 国家 4A 级旅游景区 |
- **海棠湾旅游度假区** | 本页右图 |
- **椰子洲岛**
- **三亚海昌梦幻海洋不夜城**
- **亚龙湾**
- **中廖村** | 五椰级乡村旅游点 |
- **亚龙湾博后村** | 五椰级乡村旅游点 |
- **大茅远洋生态村** | 五椰级乡村旅游点 |
- **后海村** | 五椰级乡村旅游点 |
- **青塘亲子乡村旅游点** | 四椰级乡村旅游点 |
- **抱前村抱抱农庄** | 四椰级乡村旅游点 |

海南环岛旅游公路三亚段

除了海南环热带雨林国家公园旅游公路，海南还建有一条全长 988 公里、贯穿全岛海岸线的环岛旅游公路，其中三亚段主线全长 131.5 公里，沿线串接椰子洲岛、蜈支洲岛、海棠湾、亚龙湾、鹿回头、椰梦长廊、崖州古城等多个旅游景区。这段旅游公路串联了三亚最精华的风景，你可以尽情感受海棠湾的时尚奢华体验，领略亚龙湾的浪漫度假生活，体会崖州湾古韵与科技的碰撞，此外，这里的美丽乡村风情万种，游艇码头、跳伞基地、购物中心等也各具特色，任君选择。

推荐游玩点

椰梦长廊

被誉为“亚洲第一大道”的椰梦长廊，傍晚时分游览最具情调，夕阳西下，红霞满天，在椰影婆娑下漫步，看红日缓缓沉入海平面，是一天中不可多得的治愈时刻。

太阳湾公路

若问三亚哪条公路能担当“最美沿海公路”的名号，太阳湾公路必定入围。这条 4 公里长的盘山公路，每一个转弯都是一幅精妙绝伦的山水画卷，步步生景，帧帧入画。

半山半岛帆船港

半山半岛帆船港坐落在风景如画的鹿回头半岛内，成排的帆船在阳光下熠熠生辉，浪漫的灯塔则是另一道亮丽的风景线。无论是以帆船为背景，还是与灯塔合影，都能拍出令人惊艳的照片。| 本页图 |

天涯小镇（蓝白小镇）

整个小镇被蓝白色系包裹，地中海色调让人仿佛穿越到了圣托里尼，涂鸦、路牌指引和店铺点缀其间，小镇街道可直通大海，而充满童趣的壁画、热情的小镇居民，都是小镇独特的风景线。

旅行实用信息

租车攻略

“海汽行”取车点

三亚汽车站
三亚天涯区解放路 427

三亚汽车西站
三亚天涯区 G225【海榆（西）线】

三亚海旅免税城店
三亚吉阳区海榆（东）线辅路

三亚高铁站门店
三亚吉阳区育秀路高铁站

三亚凤凰机场 T1 航站楼店（5 号出口）
三亚天涯区凤凰机场

“一嗨租车”网点

凤凰机场店（站内取还）
三亚天涯区凤凰机场立体停车楼 6 层 E 区 02 通道（从国内 6 号门对面乘坐停车楼电梯到 6 楼，中间车道取车）

三亚站店（站内取还）
三亚天涯区三亚动车站站前广场停车场

凤凰机场高铁站（站内取还）
三亚天涯区凤凰机场立体停车楼 6 层 E 区 02 通道（从国内 6 号门对面乘坐停车楼电梯到 6 楼，中间车道取车）

亚龙湾站（站内取还）
三亚吉阳区亚龙湾动车站停车场

南山寺文化旅游区北门（送车点）
三亚崖州区南山文化旅游区北门停车场南山休闲广场

亚特兰蒂斯（送车点）
三亚海棠区海棠北路 36 号

神州租车网点

三亚凤凰机场服务点
三亚天涯区机场路凤凰机场高铁站向西 300 米神州租车停车场

三亚亚龙湾高铁站自助点
三亚吉阳区亚龙湾高铁站旁边动漫路中国干细胞集团路边划线停车位

三亚崖州高铁站自助点
三亚崖州区崖州高铁站停车场

三亚火车站服务点
三亚天涯区育秀路 3 号东方广场商业街

驾驶攻略

加油站及充电桩

三亚的加油站大多分布在沿海及市区地带，海南环热带雨林国家公园旅游公路沿途加油站和充电桩数量较少，建议游客在自驾过程中利用地图 App 和相关小程序提前规划加油点和充电站点。

休憩指南

住酒店

三亚亚特兰蒂斯酒店
三亚海棠区海棠湾海棠北路 36 号 | 0898-88986666

三亚保利瑰丽酒店
三亚海棠区海棠湾海棠北路 6 号 | 0898-88716666

三亚艾迪逊酒店
三亚海棠区海棠北路 100 号 | 0898-88359999

三亚太阳湾柏悦酒店 | 本页图 |
三亚吉阳区亚龙湾国家旅游度假区太阳湾路 5 号 |0898-88201234

三亚亚龙湾瑞吉度假酒店
三亚吉阳区亚龙湾国家旅游度假区青梅路 1 号 |0898-88555555
三亚福朋喜来登酒店
三亚天涯区三亚湾路 78 号 | 0898-88888588
三亚湾红树林度假世界
三亚天涯区凤凰路 155 号 | 0898-32388888-1
三亚中心皇冠假日酒店
三亚吉阳区榆亚路 3 号 |0898-38818888

住民宿

三亚良宵隐民宿
三亚吉阳区博后北路 18 号 |13307523577
三亚宿约 107 美宿 | 本页图 |
三亚吉阳区博后村红旗小组 39 号 | 18789643096
三亚伊瑟拉设计美宿
三亚吉阳区博后村新坡二队 |19907582223
三亚海棠湾如果海云间海景民宿
三亚海棠区藤海社区东村 9 号 |17776871036

购物攻略

特产推荐

椰子制品　热带水果　特色文创

特产门店

海南礼物（三亚国际免税城二期店）
三亚海棠区海棠北路三亚国际免税城二期一层
海边宽宽（三亚国际免税城二期店）
三亚海棠区国际免税城二期一楼 L1-22A
旺豪超市（胜利购物广场店）
三亚天涯区胜利路与铁路通道交叉口胜利购物广场 2-3 层
南国特产专卖店（大东海店）
三亚吉阳区大东海瑞海购物公司售楼铺面一楼
春光海南特产超市（金鸡岭街店）
三亚天涯区金鸡岭街 112 号
新鸿港水果批发市场
三亚吉阳区榆亚路与迎宾路交口附近新鸿港农贸市场内

城市商圈

三亚大悦城
三亚吉阳区迎宾路 233 号
HiPlace 天悦城
三亚吉阳区月川中路 8 号
cdf 三亚国际免税城
三亚海棠区海棠北路 118 号
三亚海旅超体
三亚吉阳区腊尾路 2 号
海旅免税城
三亚吉阳区迎宾路 303 号
国药中服免税店
三亚天涯区解放一路 16 号

*** 以上具体信息以实际为准**

**扫码关注
“三亚旅文”
微信公众号**

Baoting
保亭

关键词

野溪温泉　民族文化　喀斯特地貌　山野隐居　休闲康养

海南环热带雨林国家公园旅游公路·保亭段主线全长 62.9 公里。起于什玲镇，终于毛感乡，途经七仙岭温泉国家森林公园、七仙岭全球热带水果博览中心、享水谷共享农庄、千龙苗村、仙安石林、毛感千龙洞等地。

玩转雨林

 七仙岭温泉国家森林公园

七仙岭温泉国家森林公园位于保亭县城外的七仙岭下，面积达 35.98 平方公里，近可赏奇峰美景，远则眺云海苍茫。七座山峰似人的掌指竖立，直指苍穹，如仙女亭立，岭名由此而得。沿着蜿蜒的山道攀登而上，每一步都是对自我的挑战与超越。站在峰顶，俯瞰群山，那种“会当凌绝顶，一览众山小”的豪情壮志，定会让你心潮澎湃，难以忘怀。

这里雨林资源丰富，是海南岛上保存最为完好的热带原始森林之一。园内有众多的自然景观，如喀斯特岩溶地貌、七仙岭瀑布、茶花峰等，其中七仙岭瀑布是园内的标志性景观，高耸入云，水流湍急，令人叹为观止。在这片热带雨林中，还隐藏着另一份大自然的馈赠——野溪温泉。七仙岭温泉国家森林公园的温泉以其清澈见底的汤色和常年 93°C 以上的温度而闻名。泡在温泉池中，感受那来自地心的温暖，所有的疲惫和烦恼都随之消散。｜本页图｜

 保亭民族博物馆

保亭民族博物馆，坐落在保亭七仙广场的西南侧，馆内收藏物品达 5000 余件套，分为历史、民族、革命三大类，是以收藏、展示和研究保亭历史和黎族苗族传统文化的专题性民族博物馆。博物馆的东厅为基本陈列厅，展出保亭悠久的历史和丰富多彩的民族文化。西厅，则是临时展览的天地，常举办各种专题性展览或引进临时展览，为游客带来不一样的文化盛宴。来到保亭，不妨抽出一天的时间，走进保亭民族博物馆，感受保亭人民的热情与好客，了解他们对传统文化的坚守与传承。

呀诺达雨林文化旅游区

“呀诺达”，在海南话中意为“1、2、3”，而在景区内，它被赋予了更加丰富的内涵：“呀”寓意着创新，“诺”象征着承诺，“达”则代表着行动与实践。同时，“呀诺达”也被热情地用作问候语，传递着“欢迎”与“你好”的诚挚情感。

凭借高植被覆盖率、适宜的温度、新鲜纯净的空气，呀诺达有“天然大氧吧”和“养生福地”的名片。漫步雨林谷邂逅六大雨林奇观、穿行梦幻谷赏三大雨林峡谷瀑布、信步湿地景观区和自然深入对话……这里自然风光魅力十足，但呀诺达的魅力不止于此，其中各种特色项目将带你收获非同一般的雨林体验：乘坐“高空滑索”俯瞰雨林之美，感受高空雨林之壮观；于哇哎噜玻璃观景平台打卡，捕捉“出圈”的惊艳瞬间；夜宿景区露营地，观星赏月，度过一个雨林特别之夜……| 本页图 |

槟榔谷黎苗文化旅游区

槟榔谷藏身于万千槟榔树构成的翠绿海洋之中，因两侧森林如峦、中央槟榔谷地绵延数里而得名。这里是以黎村苗寨民族风情文化为特色的民族文化体验观光旅游区，非遗村、甘什黎村、谷银苗家、田野黎家等七大文化体验区，每一处都散发着浓郁的民族气息。

步入槟榔谷，参观非遗村，感受黎族苗族的传统手工艺；走进甘什黎村，领略黎族村落的原始风貌；在谷银苗家，品尝地道的苗族美食；在田野黎家，体验黎族人民的田园生活……此外，这里的9个非遗主题展馆也是了解国家级非物质文化遗产的最佳去处，《槟榔·古韵》大型原生态黎族苗族文化实景演出更是将非遗技艺展示搬上舞台，是感受民族文化的必打卡项目。| 对页图 |

茶溪谷旅游区

茶溪谷位于海南热带雨林国家公园的南大门，毗邻“五指山热带雨林探秘区”“五指山雨林度假板块”及“热带雨林国家公园风景道”。这里山清水秀，风景如画，上千亩的梯田式茶园层峦叠嶂。谷内设有热带雨林探险区、养生度假区、茶文化体验区、莲花奇石观赏区等众多游览区块，并设有文化长廊等数十处大小景点，每一处拐角，都藏着令人惊喜的风景：或许是一处正待采摘的茶园，或许是一间幽静的芭蕉草屋，无论是攀爬、骑马、漂流，还是制茶品茗、雨林探险……在这里的每一步，都踏在了诗与远方的节奏上。

毛感千龙洞

千龙洞得名于附近的千龙苗村，洞口被一棵数十米高的古树遮掩，仿佛是大自然特意设置的神秘屏障，若不经人指点，还真难以发现这处洞天福地。上层旱洞，由“龙门厅”“龙王殿”“凯旋门”“登天宫”等串珠式大小六个洞厅组成。洞中有山，山中有洞，神秘奇特。沿着洞厅逐级而上，便是一洞一重天的景象；下层则是宽窄不一的廊道，峡谷、天桥、暗河、跌水参差其间。而除了洞内奇观，洞外的景色同样令人陶醉，仙女浴池、流泉飞瀑、奇花异草，组成一幅令人心醉神迷的图景，是无数勇敢者探险打卡之地。

温馨提示：毛感千龙洞尚未开发，需专业人士指导及带领前往。

神玉岛文化旅游区

神玉岛文化旅游区，原名为毛真水库，被列入全国首家气候康养示范基地名录。热带雨林、千年荔枝树、亿万年植物“活化石”桫椤丛林、森林溪谷以及“水中大熊猫”桃花水母等珍贵自然资源比比皆是，向人们展示着“山外事就留在山外，此间唯有山水之乐”的生活哲学。

岛上，你可于古朴书院静心沉思，可在湖心小岛闲逸漫步，或于碧波荡漾之中悠然入睡，或隐匿山野禅房，远离尘嚣，享受一份宁静与自在。此外，神玉岛还设有全球独一无二的山水雨林背景的中华玉器艺术馆。馆内收藏着各式各样的玉器，每一件都蕴含着深厚的文化底蕴和艺术价值，诠释了独到的东方禅意美学。| 本页图 |

仙安石林

占地近 600 亩的仙安石林，是海南热带雨林国家公园为数不多的喀斯特地貌之一。这里与其他常见的热带雨林景观相比，剑状与针状石林错落有致，山上危峰兀立，难以攀爬步行，更能让你感受到大自然的鬼斧神工。

在这片石林中，大自然的神奇无处不在，诉说着亿万年的地质变迁。从远处和高空俯视，石林如狼牙一般密集，当来到近处，可见层峦叠嶂，千岩万壑。石林内溶沟深达 25 米，宛如刀劈斧砍，令人叹为观止。而石笋、石芽更是形态万千，宛如天成的雕塑，或似仙女翩翩，或如骆驼徐行，或若雄鹰展翅，最高的石芽耸立 35 米，蔚为壮观。

温馨提示：仙安石林尚未开发，请勿随意攀爬石林，以免跌落受伤。

美味保亭

百香果炸排骨

这是一道本土水果与经典肉食完美融合的佳肴，排骨经过盐的简单腌制，宽油炸至金黄酥脆，再下入酸甜的百香果，百香果的清香与排骨的醇厚便相互交织，每一口都是对味蕾的极致诱惑。

五脚猪

五脚猪其实是保亭人对本地原种猪的称呼，并不是五条腿的猪。五脚猪皮厚油少、肉质结实、鲜嫩爽口，无论蒸煮煎炸，还是涮炒炖腌都味道俱佳、风味独特。

会上树的鸡

生活在保亭的鸡从小放养，白天刨食、追啄虫子吃野果，晚上则栖息于树上，因此得名。其肉质嫩滑、皮脆肉香，无论是椰子鸡的清新爽口、竹筒鸡的浓郁醇香，还是炭烤鸡的焦香四溢，都能让你领略到会上树的鸡的非凡魅力。

会冲浪的鱼

常年生长在纯净山间小溪中的石鲮鱼，喜欢在水质纯净的山间小溪中逆流而上，故此得名。石鲮鱼肉质鲜美细腻，无论是煮汤、香煎还是做成香辣、椒盐等口味，都能让人回味无穷。若是用山兰酒糟烹调而成，更是别有风味。

不回家的牛

顾名思义，这些牛自由放养在山上，以树叶野草为食，肉质结实、纤维细嫩、鲜美无比。无论是清炒、油煎、干煸还是烧烤、涮火锅，都能品尝到它那独特的美味。

保亭六弓鹅

六弓鹅放养于山溪田间，食草及五谷杂粮为主，肉质鲜美、皮薄肉厚。无论是白斩鹅的鲜美、干煸鹅的香脆，还是干锅鹅杂的爽口，花样口味绝不会让你失望。

木豆酸菜煲

这是一道地道的保亭家常菜。选用新鲜的木豆与酸菜一同煲煮，木豆的醇香与酸菜的酸爽相互融合，煲出的汤汁酸爽可口、开胃解腻。

簸箕饭

以簸箕为盛具，里面铺着新鲜芭蕉叶，盛上香糯可口的米饭与各种本土菜品，如当地土鸡、鸭肉、野菜、烤罗非鱼、圣女果等，有的还配有一盅雷公藤山鸡汤，营养均衡，新意十足，是每个来到保亭的旅人不可错过的一道美食体验。 | 本页图 |

苗家三色粽

作为一道极具民族特色的传统美食，三色粽采用三角枫叶、红蓝、黄姜三种天然材料将糯米染色，包裹着农家猪肉和咸蛋黄，口感丰富、色彩诱人、味道独特。

炸蝶豆花

对于很多人来说，蝶豆花都是一道充满魔幻色彩的食材。蝶豆花色泽艳丽、花瓣细薄、本身味淡，炸出来的蝶豆花辅以酱汁点睛，吃的是一个猎奇，也是在大千世界里孤身探险的勇气。

更多好玩

如果你旅行时间较为充裕，不妨前往保亭其他城镇，探索更多的美好。

七仙岭全球热带水果博览中心	
什岭影视城	
雅布伦山庄	五椰级乡村旅游点
合口书苑	五椰级乡村旅游点
布隆赛乡村旅游区	五椰级乡村旅游点
秀丽山庄	五椰级乡村旅游点
隆滨农庄	四椰级乡村旅游点
享水谷旅游区	四椰级乡村旅游点

旅行实用信息

租车攻略

“一嗨租车”网点

保亭汽车站店
保亭保城镇保兴东路与七仙大道交叉路口东侧 43-44 号保亭车站大楼一楼西侧

保亭黎苗风情文化城送车点
保亭保城镇民族风情街保亭中学东北侧约 110 米

七仙河畔度假酒店送车点
保亭保城镇温泉南路 1 号

驾驶攻略

加油站及充电桩

海南环热带雨林国家公园旅游公路沿途加油站和充电桩数量较少，建议游客自驾过程中利用地图 App 和相关小程序提前规划加油点和充电站点。

休憩指南

住酒店

保亭七仙岭雨林仙境温泉度假酒店
保亭七仙岭温泉国家森林公园 6 号 | 0898-83889988

海南七仙岭君澜度假酒店
保亭七仙岭温泉国家森林公园 | 0898-83888888

海南七仙岭龙湾珺唐酒店
保亭七仙岭温泉国家森林公园温泉路 8 号 | 0898-83605555

海南七仙岭宝亭荔苑温泉酒店
保亭七仙岭温泉国家森林公园 | 0898-83666666

神玉岛玉酒店
保亭响水镇毛真水库神玉岛旅游度假区 | 0898-38667202

呀诺达雨林一号度假酒店
保亭三道镇三道农场呀诺达雨林文化旅游区 | 0898-83889999

海南布隆赛度假酒店
保亭三道镇布隆赛 |0898-32308999

保亭戴斯温泉酒店
保亭保城镇保兴东路 | 0898-32920070

住民宿

保亭槟榔谷兰花客栈
保亭三道镇甘什岭槟榔谷景区 | 0898-38668889

保亭雅布伦山庄
保亭三道镇田头村三道中学斜对面 | 0898-83860555

保亭左岸山居民宿
保亭三道镇什进村 | 0898-32308999

保亭雅布伦享水谷雨林度假酒店（1 号楼、2 号楼）
保亭响水镇南春经济场及南梗村范围内 | 0898-83825666

七仙岭苗山书雁民宿
保亭保城镇七仙岭温泉旅游区苗村 | 15289902630

购物攻略

特产推荐

红毛丹　榴莲　山竹　百香果　山兰酒
金鼎红（绿）茶　椰子油　沉香

特产门店

保亭特色产品商城
保亭保城镇七仙广场万平嘉园一层 C003

“保亭有礼”文创店
保亭保城镇七仙大道与宝兴东路交叉口

“康养保亭“品牌体验店
保亭保城镇保兴西路 168 号县发改委一楼

*** 以上具体信息以实际为准**

扫码关注
“保亭旅文”微信公众号

Lingshui road section

海南环热带雨林国家公园旅游公路

陵水段

陵水黎族自治县位于海南岛东南部，有着“珍珠海岸”的美誉。这里的热带雨林和蔚蓝大海相映成趣，“三湾三岛两湖两泉一山一河”如同一串珍珠蜿蜒排列于陵水绵长的海岸线之上。与海相望，腹地的热带雨林神秘且富饶，独特的自然环境孕育了灿烂的黎族文化和疍家文化。

陵水，这个名字里都带着水汽氤氲与温柔乡情的城市。“三湾”风光旖旎，香水湾、清水湾、土福湾，湾湾皆是风情，是休闲度假的绝佳之地；“三岛”各具特色，分界洲岛、南湾猴岛、椰子岛，岛岛有奇遇，无论是与猕猴嬉戏，还是与鱼共舞，椰风海韵都能让你的旅程充满惊喜；“两湖”如镜，新村潟湖和黎安潟湖倒映着云影天光，是摄影爱好者的天堂；“两泉”高峰和南平，温泉潺潺，暖意融融；“一山”吊罗，层峦叠嶂，瀑布飞流，是探险者的乐园；“一河”陵水河穿城蜿蜒流淌，滋养一方水土。

海南环热带雨林国家公园旅游公路·陵水段途经吊罗山景区，这里，是海南热带雨林国家公园的重要组成部分，是海南钻石级雨林景区，也是名副其实的“植物宝库”和“真正的动物园”。深入雨林，连环飞瀑壮丽非凡，大里黎乡风情醉人，小妹水库风景如画……在这里，你可以近距离领略雨林的神秘与壮丽，体验户外徒步、丛林探险的无限乐趣，感受黎族人的热情与好客，开启一场梦幻百瀑雨林之旅。

小妹水库

海南环热带雨林国家公园旅游公路·陵水段
海南环岛旅游公路
海南高速
全长 36.9 公里
S304
G223
七仙岭
吊罗山
小妹水库
保亭黎族苗族自治县
G224
海南高速
G98
G223
陵水黎族自治县

Lingshui 陵水

关键词

吊罗星瀑　山水时光　千年神树　梦幻桃源　云上品咖

海南环热带雨林国家公园旅游公路·陵水段全长 36.9 公里，途经该县本号镇大里地区、中央村、祖关村、群英乡南平农场五一队，串联大里瀑布、本号大里生态乡村旅游点、小妹湖、《雨林·山水时光》实景演出舞台、大里黎家民栈、吊罗山景区等旅游资源。

玩转雨林

吊罗山景区

作为我国珍稀低地原始热带雨林区之一，吊罗山景区主要位于海南岛东南部陵水境内，是最接近“赤道热带雨林”的大面积连片的低地雨林，被誉为海南钻石级雨林景区，负氧离子含量最高达 12.5 万个 / cm^3。

吊罗山景区以低地热带雨林的典型性和动植物品种的丰富性、珍稀性而著称，集热带雨林、峡谷奇观、流泉瀑布、南药、温泉等旅游资源于一身。在这里，与恐龙同时代的植物活化石桫椤群落随处可见，空中花园如梦似幻，高板根、根抱石、老茎生花、独木成林等热带雨林独特景观使人应接不暇。在这里，“千年神树”最是不容错过，其树种为陆均松，树龄已超 1500 年，树高超 30 米，远看树干笔直冲天，颇有气定神闲的风范。而除了“千年神树”，吊罗山景区的瀑布群也是当地的一大奇观。得益于丰沛的水量，这里的瀑布群更为集中，形成了瀑下有潭、潭下有瀑的连环瀑景观，极为壮观，因此素有“吊罗星瀑”的美誉。

无论是徒步穿越雨林沟谷，探访天湖和千年神树，还是置身于如梦如幻、泉响鸟鸣的雨林之中进行有氧“森呼吸”，都能让人感受到大自然的魅力与神奇，是徒步爱好者的必打卡之地。| 本页图 |

枫果山瀑布

被誉为“海南第一瀑”的枫果山瀑布，横跨千丈峡谷，纵越百米山涧，是海南最大的瀑布群。其全长 1.5 公里，由 10 级瀑布组成，每一级都像是大自然精心雕琢的艺术品。其中，最大的枫果瀑布落差达 150 多米，宽 30 米，雨季时更是宽达 60 米，如同一条银色的巨龙，从天际呼啸而下，气势磅礴，震撼人心。

枫果山瀑布不仅壮观，还充满了诗意与传说。仙泪瀑、冰心瀑、思归瀑、彩虹瀑……每一级瀑布都有一个美丽的名字，背后都藏着一个动人的故事。而除了瀑布本身，枫果山还有许多值得探索的地方。如滴水湖、卧龙观音、仙人洞等景点，都充满了神秘与奇幻，等待着你去探寻。

大里黎乡

大里黎乡位于陵水水源地小妹湖上游，四周为吊罗山山脉环绕，有着“梦幻桃源　世外黎乡”的美誉。在这里，你可以放慢脚步，漫步雨林，感受大自然的呼吸；或攀登高峰，远眺日出，让第一缕阳光洒在身上；或泛舟湖上，悠闲垂钓，与湖中精灵对话；还可以和黎族阿哥阿妹把酒言欢，感受黎族文化的独特魅力。

隐藏在大里黎乡中的大里瀑布，是这里的标志性景点，具有两重小瀑布，名为托南日瀑布和姐妹瀑布。游客可沿着瀑布旁精心铺设的栈道一路徐行，直到瀑布之下，透过飞流直泻的水帘将能直观感受到“灵山多秀色，空水共氤氲”的美感。

而小妹湖，则是陵水大里黎乡的另一颗璀璨明珠，镶嵌在群山的怀抱之中。沿着湖畔旅游公路缓缓前行，山峰苍翠，水光潋滟，宛如一幅淡雅的水墨画；而在阴雨绵绵的日子里，云雾缭绕，远山轮廓若隐若现，更增添了几分神秘和朦胧的氛围。｜本页图｜

白水岭热带森林自然保护区

这里是海南又一小众秘境，属热带原始森林，是热带森林旅游观光的好去处。踏入这片保护区，茂密的热带山地雨林便带来视觉上的震撼，林间栖息着众多珍稀动物，它们以独有的姿态展现着热带雨林的魅力。而除了丰富的动植物资源，保护区内还有碧泉瀑布、古树园、蝴蝶谷等小众而迷人的风景地，可供游人参观游览。此外，保护区还设有生态教育区域，贴心地提供探险线路和导览服务，让喜欢探险的朋友可以更深入地了解这片热带森林。

云上牛岭咖啡庄园

在北纬 18° 的阳光下，500 亩雨林山地与广袤晴空交织孕育出独具特色的咖啡风味，因依偎在著名分界岭“牛岭”的温柔怀抱中而得名。在这里，你可以品尝醇厚香浓的咖啡，了解到每一粒咖啡豆“背后的故事”；还可以体会果蔬采摘的田园乐趣，休闲垂钓的宁静时光以及轻奢露营的浪漫体验。不仅如此，这里还是观赏陵水山水风光的绝佳地点。站在观景台上，你可以俯瞰整个陵水县城和周边的山水美景，是感受隐藏在山水之间的诗与远方的绝佳去处。

美味陵水

陵水酸粉

这是陵水最具代表性的小吃之一，以其独特的酸辣口感征服了无数食客的心。细滑的米粉，搭配上酸爽的醋汁、鲜香的辣椒与各种蔬菜，再撒上一把炸得酥脆的黄豆，每一口都是酸、甜、辣、香的完美融合，让人一尝难忘，回味无穷。| 本页图 |

光坡鸡

光坡鸡是陵水山林间的“跑步健将”，它们在山间自由奔跑，肉质因此格外鲜美紧实。经过简单的烹饪，鸡肉香气四溢，皮脆肉嫩，每一口都是对山林精华的极致诠释。

五脚猪

五脚猪是陵水群英乡的代表美食。“五脚猪”并非真的有五只脚，因它们像野猪一样脚短小，嘴巴尖长，从后面看就像五只脚，被人们形象地称为“五脚猪”。其皮厚油少，肉质结实，鲜嫩爽口，味道芳香，多吃不腻。

炮弹鱼

炮弹鱼，这个名字听起来就充满了力量感。这是一种喜欢快速游泳的鱼，肉质紧实，口感鲜美，尤其是鱼皮，富含胶质，烹饪后口感滑嫩，是海鲜爱好者的心头好。

文罗鹅

与海南四大名菜相比，文罗鹅可是毫不逊色。文罗鹅的做法以水煮白切为主，保留了鹅肉的原汁原味，再配上由蒜泥、白糖、精盐以及酸橘子汁组成的调料，鹅肉香甜筋道，肉质结实香嫩、肥而不腻、香浓味鲜、回味绵长。

气鼓鱼粥

在众多疍家“海”滋味中，气鼓鱼粥可谓是最经典的招牌美食之一。气鼓鱼肉质细嫩，配以新鲜大米熬成的粥，既软糯，又香鲜，一碗气鼓鱼粥下肚，不仅暖了胃，更暖了心。

提蒙鸭

提蒙鸭的烹饪方式多样，但最能保留其原汁原味的莫过于白切。鸭肉肥而不腻，香嫩可口，搭配特制的酱料，每一口都是陵水人童年的回忆。

更多好玩

如果你旅行时间较为充裕，不妨前往陵水沿海及其他城镇，探索更多的美好。

海南分界洲岛旅游区	| 国家 5A 级旅游景区 |
清水湾景区	| 国家 4A 级旅游景区 |
南湾猴岛生态旅游区	| 国家 4A 级旅游景区 |
海南海洋欢乐世界	| 国家 4A 级旅游景区 |
疍家博物馆	
椰子岛	
顺德会馆	
红树林国家湿地公园	
南湾花镇	
赤岭疍家风情渔村	| 五椰级乡村旅游点 |
坡村红色旅游主题公园	| 四椰级乡村旅游点 |
红角岭农家乐	| 四椰级乡村旅游点 |
乐天归心居	| 四椰级乡村旅游点 |

海南环岛旅游公路陵水段

除了海南环热带雨林国家公园旅游公路，海南还建有一条全长 988 公里、贯穿全岛海岸线的环岛旅游公路，其中陵水段主线全长 65.2 公里，北起牛岭，南至土福湾，途经香水湾旅游度假区、黎安风情小镇、新村港、南湾猴岛等地。在这段旅游公路上，你可以深入体验独特的疍家文化，探访繁忙的渔排；或在呆呆岛上尽情发呆，感受海岛的松弛与美好；又或是驾车沿海岸线穿行，感受半山半海的自然美景……动静皆宜，自在随心。

推荐游玩点

新村港疍家渔排

疍家渔民以舟为家，浮生江海，他们随鱼虾汛期迁徙，在渔排上的木屋中起居饮食，构成了别具特色的海上景观，网友称其为中国版的“海上威尼斯”。| 本页图 |

呆呆岛

呆呆岛，顾名思义，是一座适合“发呆”的地方。岛上打卡点众多，粉色大巴、网红鸟巢、白教堂……每一处都是拍照的绝佳地点。在这里，你只需要随意按下快门，周围的简洁环境就能让每一张照片都充满 ins 风。

香水湾滨海旅游公路

这条“最美滨海公路”全长 1.8 公里，依山傍海，美景不断。沿路而行，一侧草木青绿、一侧大海湛蓝，就像是在一幅流动的画卷中穿梭。

旅行实用信息

租车攻略

“海汽行”取车点

陵水汽车站（取还）
陵水椰林镇站前路

“一嗨租车”网点

陵水站店
陵水椰林镇动车站站前路海航候机楼 5 栋 1 单元 121 商铺
陵水分界洲岛景区（送车点）
陵水光坡镇陆地码头附近（分界洲岛景区 1 号停车场）

神州租车取车点

陵水高铁站服务点
陵水椰林镇站前路陵水高铁站马路正对面海航 YOHO 候机楼前右侧停车场

* 仅展示部分，其他可根据平台站点就近选择

驾驶攻略

加油站及充电桩

陵水的加油站大多分布在沿海地带，海南环热带雨林国家公园旅游公路沿途加油站和充电桩数量较少，建议游客自驾过程中利用地图 App 和相关小程序提前规划加油点和充电站点。

休憩指南

住酒店

海南土福湾嘉佩乐度假酒店
陵水英州镇土福湾度假区 | 0898-83099999
海南海洋欢乐世界凯悦酒店
陵水黎安镇海风大道 8 号 | 0898-83091234
海南清水湾威珀斯酒店
陵水英州镇清水湾旅游度假区 | 0898-31082288
海南蓝湾绿城威斯汀度假酒店
陵水英州镇清水湾旅游度假区 | 0898-83388666
香水湾万豪度假酒店
陵水光坡镇香水湾旅游度假区 | 0898-83099888

住民宿

陵水疍家故事民宿
陵水英州镇赤岭村望海路 35 号 | 16228971111
陵水疍家渔排海上民宿
陵水新村镇新村港海上 |18876654988
陵水乐天归心居
陵水文罗镇老洋村 80 号 |19889055814
陵水兰汀轻奢民宿
陵水新村镇南湾村 109 号 |18976921756
暮屿岚 · 全海景民宿
陵水英州镇赤岭村望海路 88 号 | 18089728612

购物攻略

特产推荐

圣女果　荔枝　黄灯笼辣椒

特产门店

南国海南特产总批发（香水湾 1 号店）
陵水光坡镇坡尾村南国海特产批发
陵水好礼门店
陵水新村镇望海大道 1 号

城市商圈

海韵广场
陵水椰林镇滨河南路 6 号 |0898-83355666
清水湾东榕环球商业中心
陵水英州镇清水湾大道雅都荟 1-4 栋 |18117686525

* 以上具体信息以实际为准

扫码关注“陵水旅文”
微信公众号

海南环热带雨林国家公园旅游公路
HAINAN
Folk Culture Route
民族风情之旅

琼中 ▸ 儋州 ▸ 白沙

Qiongzhong Danzhou Baisha

Folk Culture Route 民族风情之旅

琼中 · 百花岭热带雨林文化旅游区

出发速览

线路全长

197.5 公里

途经市县

琼中、儋州、白沙

精彩亮点

雨林自然风光
民族特色风情
民族美食体验
传统手工艺展示
民俗文化表演
特色节庆活动参与
山水林间品香茗

游玩指数

休闲度假 ★★★
影像记录 ★★★★★
雨林探秘 ★★★★★
美食江湖 ★★★★★
亲子旅行 ★★★

玩家画像

注重性价比，对多元文化感兴趣，热爱手工艺、民间艺术，愿意为高质量的文化体验买单的文化旅游爱好者。喜欢探索未知，热爱摄影，偏好深度游，愿意花时间深入了解当地风情的旅行者。

这里玩什么

在海南环热带雨林国家公园的旅游公路上，如果你渴望在欣赏热带雨林美景的同时，体验一段充满神秘色彩和民族风情的沉浸式旅程，那么琼中—儋州—白沙段定能满足你的愿望。千百年来，海南中南部山区的少数民族与热带雨林和谐共存，那些掩映在雨林山峦中的少数民族村寨以及热情好客的黎族、苗族同胞，还有那些美味的特色民族美食和生动有趣的民俗活动，都将引领你开启一段充满奇妙文化的旅程。

这是一条富有“传奇”色彩的旅游公路。对雨林中的民族民俗文化充满兴趣的旅行者，不妨前往被誉为“天上广寒，地下什寒”的琼中什寒村一游，什寒村也曾入选“最美中国乡村”；你也可以探访白沙陨石坑，它见证了“太空来客”在浩瀚的海南热带雨林中留下的独特痕迹；如果你热衷于观察和拍摄雨林中的候鸟，还可以自驾穿越最原始的雨林路段——番加自然保护区，用镜头寻找心中的“宝藏”……

除了迷人的自然风光和独特的民族风情，这里的特色美食同样值得一试。山兰酒、糯米粑、鱼茶、三色饭、米烂……每一道佳肴都承载着当地民族的历史与文化，散发着浓郁的地域特色。在宁静的雨林中，或在热闹的市集中，品尝着地道的民族美食，感受着不同地域的风味，味蕾在酸甜苦辣间跳跃，享受视觉与味觉的双重盛宴。

走近雨林，体验多彩，这里正是那些对文化传统和习俗充满好奇与热爱的人们的理想之地！

热带雨林国家公园游玩点

琼中：黎母山、什寒村、上安仕阶温泉旅游度假区
白沙：鹦哥岭、红坎瀑布

Qiongzhong road section

海南环热带雨林国家公园旅游公路

琼中段

琼中黎族苗族自治县位于海南岛中部，五指山北麓，周边与琼海、万宁等 9 个市县毗邻，是海南岛陆路南北、东西走向的交通枢纽，县人民政府设在营根镇，素有“海南绿钻、宝岛之心”的美称。

琼中，坐落于海南岛的内陆腹地，宛如一位被神秘面纱轻柔遮掩的美丽少女，隐匿于海岛的“闺阁”之中。揭开这层面纱，一个既神秘又清新的小城将展现于人前。这里，是海南森林覆盖率最高的市县，达 86.17%。这里，是天然氧吧，五指山、鹦哥岭、黎母山、吊罗山等群山将其环抱。这里，是海南三江之源，南渡江、昌化江、万泉河从这里启程，奔流到琼岛各地。这里，大自然赋予的美景处处，黎母山、百花岭、乘坡河谷石臼群、什寒村……雨林仙境，鸟语花香，山水田园入画来。这里，黎风苗韵悠长，民歌民舞、民风民俗，有着独特的风情。

海南环热带雨林国家公园旅游公路 · 琼中段，连接黎母山国家森林公园、上安仕阶温泉旅游度假区、百花岭热带雨林文化旅游区等众多景点，雨林、飞瀑、温泉、湖泊、溪流、沟谷、奇石在此汇聚，这里是热带植物的王国，野生动物的乐园，更是开展登山探险、休闲度假的旅游胜地。去海南黎族文化的重要起源地黎母山探寻独特的民族文化；去“亚洲雨林第一滑”百花岭雨林速滑体验雨林版的“速度与激情”；去海南海拔最高的村庄“什寒村”享受“世外桃源”的宁静与美好……奔格内（海南黎语，意为来这里），山水琼中，等你！

海南环热带雨林国家公园旅游公路·琼中段

海南高速

万洋高速

黎母山

G9811

琼中黎族苗族自治县

红岭水库

海三高速

五指山

G224

S304

全长 103.1 公里

Qiongzhong 琼中

关键词

民俗体验　雨林探险　美食探索　休闲度假

海南环热带雨林国家公园旅游公路·琼中段主线全长 103.1 公里，途经黎母山镇、湾岭镇、营根镇、上安乡、吊罗山乡等地，串联了黎母山国家森林公园、什寒村、上安仕阶温泉旅游度假区等景区（点）。

玩转雨林

黎母山国家森林公园

黎母山国家森林公园位于琼中境内，与儋州、白沙接壤，是海南三大江河——南渡江、万泉河、昌化江的发源地。公园以独特的自然风光和浓厚的民族风情著称，总面积约 19.3 万亩，是热带生物资源极为丰富的地区。

黎母山是生态旅游的胜地，也是户外探险爱好者的天堂。沿着蜿蜒的曲岭谷栈道前行，游客不仅能探索热带雨林的奇妙景观，还能利用辅助攀爬的长绳索，挑战险峻的丛林地形，进一步揭开雨林深处的神秘面纱。或者，选择沿着幽静曲折的万泉河源头栈道溯溪而上，寻找雨林中稀有的动植物，与这些雨林中的小精灵亲密接触，尽情体验自然之美。如果这些还不够，不妨继续前行至黎母庙，途中经过的石臼栈道将展现其独特的地质奇观，让人感受大自然的鬼斧神工。

黎母山是海南少数民族聚居地之一，区域内流传着许多动人的神话传说。公园内的黎母石、黎母庙、仙人洞等都与海南黎族的神话传说紧密相连，游览这些地方，不仅能更深入地体验黎族的民族文化，还能更好地了解当地民族的风俗习惯。｜本页图｜

百花岭热带雨林文化旅游区

百花岭热带雨林文化旅游区位于琼中县城营根镇西南方 6 公里处，因瀑布喷出的水像花雨而得名。这里不仅是观赏瀑布、寻幽消夏的好地方，而且是体验原始森林探险的绝妙去处。

百花瀑布落差超过 300 米，是海南落差最大的瀑布。登上观瀑亭，看到瀑布如银链般飘逸，分三级跌宕起伏，倾泻而下，发出哗哗的水声，四周被烟雾缭绕，构成了一幅奇特而壮观的自然画卷。

渴望感受刺激且独特的雨林探险之旅吗？这里拥有令人兴奋的雨林滑道和绚丽多彩的百花栈道。“亚洲雨林第一滑”——百花岭雨林速滑全长 2020 米，从千米之上，通过 4 处 360 度双层环形盘旋、15 处 S 形弯道环形而下，落差约百丈，横穿热带雨林，俯瞰峡谷仙境。透明无边的全视野设计，不仅可以体验到从高

空呼啸而过的快感，还能换一种角度欣赏到热带雨林的鬼斧神工之美。百花栈道坐落于海拔 900 多米的百花岭上，｜本页右图｜宛如一条飞龙在热带雨林的树梢间盘旋。漫步于此，在心惊胆战的同时，也能体验到漫步云端的奇妙感受。

此外，天琴古树｜对页左图｜、百花天池、爱情谷、藤王谷，也是不可错过的“打卡点”。

上安仕阶温泉旅游度假区

上安仕阶温泉旅游度假区地处五指山山脉，位于琼中上安乡。在山脚下的仕阶村附近，坐落着一片清代的摩崖石刻群。这些石刻中包括了清代名将冯子材及其幕僚所题写的“手辟南荒”“百越锁钥”等十余处富含人文景观的摩崖石刻。此外，度假区内的南流河边，有水温为 70℃左右的温泉。在此既可享受雨林美景，又能体验温泉唤醒身体的活力。

什寒村

什寒村是黎族、苗族同胞居住的村庄，位于琼中红毛镇西北方，海拔近 800 米，是海南海拔最高的村庄之一。这里山高林秀，溪流缠绕，在云雾中若隐若现，有着“天上什寒”的美誉。

这个隐匿于云雾之中的风情村寨，没有城市的喧嚣，只有淳朴的民风和原始的生态。村民们保留着传统的生产方式和生活习俗，游客可以在这里体验织布、制陶等手工艺，品尝地道的黎族、苗族美食，夜晚还能围坐在篝火旁，聆听古老的歌谣，感受那份久违的亲切与温暖。此外，探险、爬山、涉溪等活动也充满了乐趣。据测定，什寒村的空气中负氧离子浓度不低于 4 万个 /cm^3，被誉为“空气维生素”，使其成为适宜居住、养生、旅游的天然氧吧。|本页上图|

乘坡河谷生态旅游区

乘坡河谷生态旅游区位于琼中和平镇境内。这是一处以黎族苗族民族风情体验、养生度假休闲等旅游产业为主导的风景区域。

旅游区内最引人注目的是位于上游的石臼群。乘坡河是万泉河的主要支流之一，流域内激流峡谷众多，地形险峻坡度陡峭，在河床形成了水位落差较大的坎坡，加上这里是海南降雨量最丰富的地区，形成了强大的水动力磨蚀作用，而岩石的结构裂隙或岩石的较软部位被磨蚀的速度更快，得以在几十万年中形成了面积达 100 多亩的水磨石臼。它们形态多样、巧夺天工。让人不禁感叹大自然的鬼斧神工！|本页下图|

美味琼中

琼中绿橙

琼中绿橙在琼中独有的山区气候和特定区域的土壤条件下生长。它色泽润绿、皮薄多汁、化渣率高、酸甜适中。近年来的检测显示，琼中绿橙的糖度一般都能达十度至十一度，有些甚至能高达十六度。除了标志性的酸甜口感，琼中绿橙还含有丰富的果胶，维生素 B1、B2、C 等多种营养成分。琼中绿橙每年上市时间为 10 月中旬至 12 月。｜本页图｜

小黄牛

琼中的小黄牛放养于海拔 800 米以上的高山上，因其野生放养的特性，肉质细嫩且味道鲜美，深受当地人喜爱，甚至将其誉为“鹿肉”或“野牛肉”。其中，12 ~ 18 个月龄的小黄牛被认为是最美味的。无论是炒、煎、煸还是烤，小黄牛肉都能展现出其独特的风味，而以它为食材的菜肴种类繁多，令人目不暇接。和平镇的牛肉干、上安乡香煎牛肉片……让人回味无穷。

咖啡

琼中的咖啡属于罗布斯塔咖啡品种，其种植区域广泛分布于黎母山和飞水岭等海拔 250 ~ 650 米的地区。得益于清新空气、温暖气候以及适宜的温度，琼中的咖啡孕育出了其独特的浓郁香醇和持久回甘的品质。琼中的咖啡拥有母山咖啡、飞瀑山咖啡等知名品牌。

湾岭鸡

琼中湾岭镇是进入五指山腹地的要道之一，常在这条线上来往的老食客对当地的招牌菜——电饭煲焗土鸡情有独钟，它的原料取材于当地有名的放养土鸡。在琼中当地老食客的食谱里，琼中土鸡美味菜品除了湾岭的焗鸡外，还有加钗烤鸡。

捞叶炒蛋

假蒟，海南人称捞叶，是常见野生植物。海南少数民族地区的居民常将捞叶与鸡蛋翻炒，制作出将捞叶的清香与鸡蛋的鲜美巧妙融为一体的捞叶炒蛋。这道菜口感细腻滑嫩，是一道经典的佳肴。一叶多吃，除了炒蛋外，当地人还用捞叶做出了炸捞叶盒子、捞叶炒鸡等多种美食。

更多好玩

如果你旅行时间较为充裕，不妨前往琼中其他城镇，探索更多的美好。

白沙起义纪念园	｜国家 2A 级旅游景区｜
红毛－什运红色文化旅游区	
堑对村	｜四椰级乡村旅游点｜
黎母山学而山房	｜四椰级乡村旅游点｜

旅行实用信息

租车攻略

“一嗨租车”网点

云鼎雅苑店
琼中营根镇海榆路新二区（云鼎雅苑）2 幢绿橙阁 B-108

琼中老车站（送车点）
琼中营根镇营交路与海榆路 119 正西向 70 米

睿康家园（送车点）
琼中营根镇国兴大道与兴教路交叉口东 300 米

德高商务酒店（送车点）
琼中营根镇海榆路 279 号

*** 仅展示部分，其他可根据平台站点就近选择**

驾驶攻略

加油站及充电桩

琼中地处山区，海南环热带雨林国家公园旅游公路沿途加油站和充电桩数量较少，建议游客在自驾过程中利用地图 App 和相关小程序提前规划加油点和充电站点。

购物攻略

特产推荐

琼中绿橙　茶叶　小黄牛　咖啡
蜂蜜　山鸡　山兰稻 | 本页图 |

*** 以上具体信息以实际为准**

扫码关注“琼中旅文”
微信公众号

休憩指南

住酒店

琼中福朋喜来登酒店
琼中营根镇白龙溪路 1 号 | 0898-36855888

乐园酒店
琼中营根镇国兴大道 229 号 | 0898-86238441

奔哥内 24 小时连锁酒店
琼中营根镇兴教路瑞诚楼一幢 | 0898-86235666

永和酒店
琼中营根镇兴教路 65 号 | 0898-32038888

麗枫酒店（琼中汽车站店）
琼中营根镇海榆路新二区商会综合大楼 B 栋 | 0898-86299888

住民宿

学而山房 | 对页图 |
琼中黎母山镇黎母山国家森林公园 | 18389771127

什寒民宿
琼中红毛镇什寒村 055 乡道 1 号 | 18308981833

禾墅精品民宿
琼中中平镇思河村委会文堂村 | 13098968776

Danzhou road section

海南环热带雨林国家公园旅游公路

儋州段

儋州市坐落于海南岛的西北部，濒临北部湾，是海南省陆地面积最大、海岸线最长的市县，市人民政府设在那大镇，素有“千年古郡、诗乡歌海”之美称。

儋州的火山海岸，无疑是琼西火山海岸的耀眼明珠与绝佳代表。当你直面那无垠的大海时，劲吹的大风、屹立的灯塔、奇特的海蚀洞、古老的古盐田以及那绵延成片的原生红树林一一映入眼帘，满溢着自由与荒野的气息。作为海南的西部重镇，儋州不仅汇聚了迷人的美景、诱人的美食，还传承了厚重的文化底蕴。东坡居士留下的文化遗风如影随形；古老而神秘的儋州调声，奏响地域文化的精彩乐章；传承千年的古法制盐技术，让人深切领略到海南西部独有的人文韵味。不仅如此，现代化的旅游综合体海花岛，是人们亲近海洋、畅玩海洋、认知海洋的一站式理想娱乐天堂。此外，儋州的特色美食种类繁多，风味独特，令人回味无穷。

海南环热带雨林国家公园旅游公路·儋州段从享有“天湖”之美誉的松涛水库擦边而过，并穿越儋州兰洋镇的番加自然保护区，这里孕育着繁茂的热带雨林和热带次生林，为众多猛禽提供了理想的栖息地，是难得一见的“观鸟天堂”。而湖光山色的松涛水库区域拥有诸多景点如仰卧美人、观天一线、猴山绝壁、黎王宫殿、石窟水帘等，无不展现出其壮丽的自然风光。此外，儋州段的雨林深处还蕴藏着众多自然奇观。可以深入雨林核心，探索那些只属于勇敢探险者的秘境，尽情释放探险的热情，体验一场难忘的热带雨林探险之旅。

松涛水库

Danzhou
儋州

关键词

观鸟天堂　地质奇观　雨林科普　诗乡歌海

海南环热带雨林国家公园旅游公路·儋州段主线全长 18.1 公里，途经兰洋镇，串联起了松涛水库、海南番加省级自然保护区等地。

玩转雨林

松涛水库

松涛水库｜本页图｜是全国十大水库之一，享有“天湖”之美誉，距离儋州市区仅 15 公里。这座水库的大坝坐落在儋州境内的亲足口峡谷，是中国第二大土坝。松涛水库也是第二批 37 个国家级水利风景区之一，拥有长达 66.5 公里的主要航线和 544 公里的岸线以及 300 座岛屿。松涛水库内诸多景点如仰卧美人、观天一线、猴山绝壁、巍峨大坝、黎王宫殿、石窟水帘等，无不展现出其壮丽的自然风光。在这里，游客可以欣赏山光水色，品尝当地特色的鳙鱼火锅。

除了其自身的旅游资源，松涛水库周边地区也蕴藏着极为丰富的旅游资源。北边有莲花山森林公园和兰洋温泉，紧邻着备受世界瞩目的洋浦港；东南方则坐落着著名的鹿母湾瀑布。此外，周边还环绕着众多著名景点，包括东坡书院、海南热带植物园、石花水洞、白鹭天堂等。

海南番加省级自然保护区

该保护区坐落于儋州市，覆盖面积超过 3200 公顷，毗邻风景如画的松涛水库。区内繁茂的热带雨林和次生林为众多鸟类提供了理想的栖息地。海南山鹧鸪、海南孔雀雉、白鹇、橙胸绿鸠等珍稀鸟类以及蛇雕、凤头蜂鹰、黑鸢等猛禽在此大量栖息并繁殖后代。

紧邻松涛水库，这里山环水绕，水映山色，为观鸟爱好者提供了一个愉悦的拍摄环境。区内分布着众多瀑布，一边是壮丽的自然风光，一边是活跃的鸟类，能否捕捉到它们的身影，全凭摄影师的专注与耐心。

*** 温馨提示：进入保护区需要提前预约，出行前请务必联系确认。**

海南热带植物园

植物园位于儋州那大镇西郊。园内有来自超过 40 个国家的 1000 多种珍稀热带植物，是中国热带植物资源的宝库，也是世界热带植物资源的缩影。植物园精心规划了六大游览区域，展示了各类珍稀植物。其中，不仅有世界上最致命的植物之一——见血封喉，还有形态奇特的面包树、腊肠树、吊瓜树和巨大的水生植物王莲等。

嘉禾共享农庄

位于儋州南丰镇，占地 5000 亩，是一个融合了黎族苗族文化创作展示、自然教育研学营地以及特色民宿等多种项目的乡村生态农业旅游胜地。农庄里设有热带水果主题展馆和农业景观，提供品尝、欣赏热带水果以及娱乐和学习的沉浸式体验。民宿"松涛书院"在传统客家围屋基础上创新改造，融入海岛气候和儋州人文。农庄田园风光迷人，包括山兰梯田、瀑布、日出云海和晚霞，是摄影的理想场所。

石花水洞

石花水洞坐落于儋州英岛山脚下，是海南岛上一处珍贵的地质奇观。据专家考证，这一天然溶洞景观形成于 140 万年前，它由旱洞和水洞两部分组成。旱洞中有石钟乳、石笋、石柱、马牙石、石旗、石瀑布、石舌和卷曲石等众多观赏价值与科学价值并存的自然景观。尤其是卷曲石，至今科学界仍无法完全解释其形成之谜。水洞内遍布石花，有一巨大的钟乳石连接着洞顶与底部，犹如"定海神针"，曲折蜿蜒的地下河水光怪陆离，五彩斑斓。轻舟漫游，宛若遨游龙宫。

美味儋州

松涛鳙鱼

松涛鳙鱼，源自风景秀丽的松涛水库。这种淡水鱼头大身小，在自然环境中悠然成长，成为烹饪多种佳肴的上佳选择，无论是鲜香扑鼻的剁椒鱼头、外酥里嫩的脆炸鱼块，还是色彩斑斓的五彩鱼丝，抑或是令人回味无穷的松涛鳙鱼头火锅，每一种做法都凸显了其鲜美的味道、红润的色泽、酥脆的鱼皮和细腻的肉质。

东坡扣肉

东坡扣肉，源于宋代大文豪苏东坡。相传，他在流放至海南儋州期间，一次家中有客来访，他亲自下厨烹饪猪肉以款待，却在与客人下棋时忘记锅中肉。本以为肉已烧焦，却意外发现炖出的肉色泽红润，汤汁浓郁，味道醇厚，肉质鲜美不油腻，受到客人赞赏。此后，苏东坡常以此法烹饪，这道菜也因此流传开来。

儋州米烂

这是一道洋溢着浓郁市井风情的小吃佳肴。制作儋州米烂，先煮米粉至熟，迅速用冷水冲凉以保弹性口感。然后，将选好的海鲜和蔬菜切丁，拌入调好的酸辣酱中。酱料是小吃的核心，由醋、辣椒、蒜末、姜末和酱油等调料混合而成，既开胃又增味。｜本页图｜

光村沙虫

儋州的光村滩涂资源丰富，盛产沙虫。这里的沙虫以其适中的个体大小、肥厚且脆嫩的肉质而闻名于世。在儋州的餐馆中，厨师们遵循传统食谱，加入姜、蒜、辣椒等多种调料，通过炒制或炖煮的方式，精心烹制出一道道色香味俱佳的美食。

猪肠馍

猪肠馍是一种独特的美食，它由大米浆蒸煮而成的粉皮卷制成长条状，形似猪肠而得名。通常，猪肠馍会内嵌椰丝、木瓜丝以及花生和酸醋的混合馅料，再淋上香油，蒸制后散发出诱人的香气，其口感细腻柔滑、味道鲜美。

更多好玩

如果你旅行时间较为充裕，不妨前往儋州沿海及其他城镇，探索更多的美好。

景点	级别
海南莲花山文化景区	国家 4A 级旅游景区
儋州东坡文化旅游区	国家 4A 级旅游景区
海南火莲花地质景区	国家 3A 级旅游景区
千年古盐田	
海花岛旅游度假区	
龙门激浪	
中和古镇	
兰洋温泉	
屋基村	五椰级乡村旅游点
石屋村	五椰级乡村旅游点
金林春晓通航体验园	五椰级乡村旅游点
力乍村	四椰级乡村旅游点
大皇岭	四椰级乡村旅游点
玉蕊花公园	四椰级乡村旅游点
灵芝文化艺术园	四椰级乡村旅游点

儋州粽子

儋州粽子历史悠久，汉代已有制作。源自汉代的伏波虾米粽，得名于使用白马井特定地下水蒸煮和虾米馅料。东坡粽为宋代苏东坡流放期间创制。洛基粽由明代两位归乡将军推广，至今流传。儋州粽子种类繁多，除了传统的猪肉粽，当地居民还创新制作了豆子粽、干鱼粽、虾仁粽、鸭蛋粽等多种风味。｜本页图｜

儋州擂茶

儋州擂茶主要由花生、芝麻和茶叶等原料手工研磨而成。擂茶的主要成分包括花生、芝麻、茶叶、萝卜干、薄荷、罗勒（亦称金不换）、紫苏、芫荽、穿心莲和苦刺心。此外，还搭配了豆角、韭菜、芥菜和虾等配料。擂茶不仅味道鲜美，还具有清热解毒、生津止渴的食疗功效。

儋州红鱼

儋州红鱼是一种生活在南海水深 50 米至 90 米处的深海鱼类，因全身鲜红故得红鱼之俗名。红鱼干的制作工艺颇为讲究，鱼被捕捞上船后立即开膛去内脏晒干，用海盐腌制。红鱼干呈金黄色，闻之有香味，吃之香甜，余味无穷。红鱼干是优质年货，儋州人常在节日购买用于祭祀或送礼，象征“鸿运当头，年年有余”。

海南环岛旅游公路儋州段

除了海南环热带雨林国家公园旅游公路，海南还建有一条全长 988 公里、贯穿全岛海岸线的环岛旅游公路，其中儋州段主线全长 118.7 公里，南起海头镇，东至光村镇，途经白马井、洋浦、峨蔓等地，有火山海岸、儋耳追光驿站等景点。在这段充满魅力的旅游公路上，不仅能目睹那令人叹为观止的“一半是海水，一半是火焰”的壮丽海天奇观，还可以领略到千年古盐田的沧桑与韵味，追寻北宋大文豪苏东坡的浪漫与风雅，收获一份独属于儋州的壮阔和雅致……

推荐游玩点

千年古盐田

儋州的盐田村是中国悠久盐业历史的见证地之一，至今这里仍然沿用着最为传统的日晒制盐技术。盐田的工人们恪守着世代相传的制盐工序，从海水中提取、蒸发、结晶，直至收获的那一刻。四周环绕着连绵的青山和清澈的海水，形成了一幅自然和谐的壮丽画卷。

海花岛

在儋州的白马井区域，空中俯瞰之时，便能瞧见海面上有着一座仿若盛开着三朵花的巨型岛屿，它便是海花岛。在这里，能够解锁多样精彩玩法，又很适合全家度假，是年轻人和亲子家庭亲海、玩海、认识海的一站式娱乐天堂。

儋耳追光驿站

儋耳追光驿站是海南环岛旅游公路首批重点建设的驿站之一，设在儋州光村银滩区域，坐拥周边沙井渔村、千年古盐田、神冲火山石民居院落、红树林生态湿地和绵延海岸线等丰富的自然景观和人文资源，是一个能够让游客沉浸式探究渔港生活气息的西部特色旅游驿站。

火山海岸

位于儋州峨蔓的这段火山海岸，是一片由火山喷发后遗留下来的岩石所构成的天然海岸线，以其独特的地质景观和清澈见底的海水而闻名遐迩。在这里，黑色的火山岩与碧蓝的海水形成鲜明对比，呈现出“一半是海水，一半是火焰”的壮观景象。｜本页图｜

旅行实用信息

租车攻略

“一嗨租车”网点

儋州白马井动车站便捷点
儋州白马井镇白马井动车站小吃汇
白马井和泰花园店
儋州白马井镇南片区控规 B-3-1 及 B-3-2 号地块和泰花园小区 A6 栋 116 房
儋州汽车站（送车点）
儋州那大镇中兴大街 17 号附近
*** 仅展示部分，其他可根据平台站点就近选择**

驾驶攻略

加油站及充电桩

儋州的加油站大多分布在沿海地带，海南环热带雨林国家公园旅游公路沿途加油站和充电桩数量较少，建议游客在自驾过程中利用地图 App 和相关小程序提前规划加油点和充电站点。

休憩指南

住酒店

儋州银滩湾海景酒店
儋州银滩路 180 号 | 0898-23885155
儋州丽思顿酒店
儋州洋浦经济开发区开源大道西侧海滨假日 7 号楼 1 层 7-115 | 0898-28811999
曼居酒店（海南海花岛店）
儋州白马井镇中心大道清华雅苑 1 号 | 0898-23330666
岚康海景大酒店
儋州白马井镇滨海大道与中二横路交会处 | 0898-36997666
海花岛希尔顿酒店
儋州海花岛 1 号岛 | 0898-32658888
海花岛欧堡酒店
儋州海花岛 1 号岛 | 0898-32619999

住民宿

松涛书院
儋州南丰镇油文村石井村 | 0898-32623599
天南湖乡村民宿
儋州兰洋镇大皇岭水库库区内 | 18976913169
屿 · 海景民宿
儋州海花岛 2 号岛 306 栋 16 商铺 | 18889862277
静水栖舍
儋州海花岛 2 号岛 294 号楼 1 楼 117 室 | 15325564800

购物攻略

特产推荐

儋州红鱼　海头地瓜　光村沙虫
儋州粽子　中和香糕　儋礼黄皮 | 本页图 |

城市商圈

儋州夏日国际商业广场
儋州兰洋镇北路 111 号 | 0898-36538888 | 10:00-22:00

*** 以上具体信息以实际为准**

**扫码关注“儋州旅文”
微信公众号**

九架岭日出云海

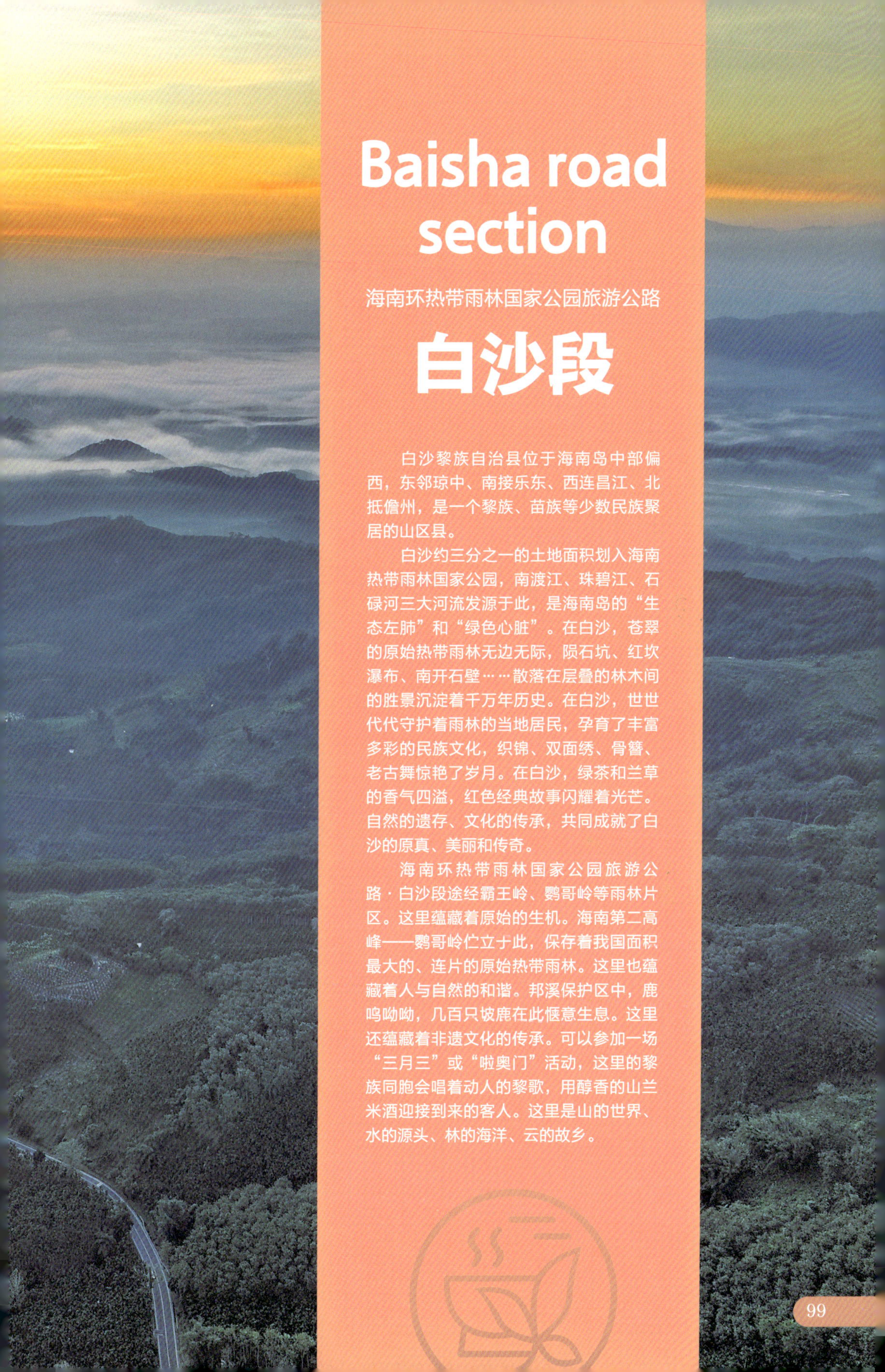

Baisha road section

海南环热带雨林国家公园旅游公路

白沙段

白沙黎族自治县位于海南岛中部偏西，东邻琼中、南接乐东、西连昌江、北抵儋州，是一个黎族、苗族等少数民族聚居的山区县。

白沙约三分之一的土地面积划入海南热带雨林国家公园，南渡江、珠碧江、石碌河三大河流发源于此，是海南岛的“生态左肺”和“绿色心脏”。在白沙，苍翠的原始热带雨林无边无际，陨石坑、红坎瀑布、南开石壁……散落在层叠的林木间的胜景沉淀着千万年历史。在白沙，世世代代守护着雨林的当地居民，孕育了丰富多彩的民族文化，织锦、双面绣、骨簪、老古舞惊艳了岁月。在白沙，绿茶和兰草的香气四溢，红色经典故事闪耀着光芒。自然的遗存、文化的传承，共同成就了白沙的原真、美丽和传奇。

海南环热带雨林国家公园旅游公路·白沙段途经霸王岭、鹦哥岭等雨林片区。这里蕴藏着原始的生机。海南第二高峰——鹦哥岭伫立于此，保存着我国面积最大的、连片的原始热带雨林。这里也蕴藏着人与自然的和谐。邦溪保护区中，鹿鸣呦呦，几百只坡鹿在此惬意生息。这里还蕴藏着非遗文化的传承。可以参加一场“三月三”或“啦奥门”活动，这里的黎族同胞会唱着动人的黎歌，用醇香的山兰米酒迎接到来的客人。这里是山的世界、水的源头、林的海洋、云的故乡。

Baisha
白沙

关键词

奇妙物种　民俗风情　亲子研学　生态绿茶

海南环热带雨林国家公园旅游公路·白沙段主线全长 76.3 公里，起点金波乡，终点细水乡，途经金波乡爱心潭、打安兰花基地、原生态茶园小镇、五里路乡村旅游点等地。

玩转雨林

鹦哥岭

位于海南岛中部的鹦哥岭，因主峰山形酷似鹦哥嘴而得名，是海南第二高峰，是海南岛重要的水源保护地。

这里的热带雨林是珍稀动植物的快乐大本营，国家一级重点保护野生植物伯乐树、珍稀物种轮叶三棱栎、鹦哥岭树蛙等在海南仅见于鹦哥岭。

现在鹦哥岭自然生态体验区对外开放，是体验热带雨林的好地方。体验区配备了完善的旅游设施，其中鹦哥岭动植物博物馆尤为引人注目，其甲壳虫造型设计既可爱又充满趣味。博物馆里摆满了展示海南热带雨林生物多样性的动物标本，包括圆鼻巨蜥、海南山鹧鸪、海南孔雀雉、蟒蛇、豹猫等国家重点保护的野生动物，是了解海南热带雨林生物多样性的绝佳去处。博物馆还特别策划了黎族和苗族文化主题陈列，展示了与雨林共生共荣的雨林文化。

体验区内设有两条研学栈道。青石板栈道穿梭于溪流生境之间，沿途瀑布层叠，流水潺潺，沟谷雨林的神秘与美丽触手可及。尤其是生长在溪流区域的鹦哥岭川苔草，这种独特的微小植物，因其强大的附着力能在急流中生长，绝对值得一探究竟。发现它们，并用相机捕捉它们的身影，将是一次难忘的体验。而木栈道则依山势蜿蜒而上，虫鸣鸟语交织成大自然的交响乐章，板根、绞杀植物、空中花园、老茎生花等雨林奇观一一呈现。| 本页图 |

*** 温馨提示：进入体验区需要提前向鹦哥岭分局咨询预约。**

红坎瀑布

红坎瀑布位于白沙元门乡东南部，源于海拔 1101 米的红坎岭，总落差 145 米。两岸峰峦矗立，绝壁横陈，熔岩遍布，景致独特。第一级从断层崖上凌空坠落，砸向第二级瀑布所在岩石。从瀑底往上仰望，宛如银色巨龙从天而降；又好似银蛇狂舞，冲击叠岩景象万千，水之力与崖之坚的对抗震撼人心。尽管此瀑布并非海南之巅，但它展现出一种原始且未经人工修饰的美感。观赏瀑布的最佳时机是 7 月至 9 月的雨季。| 本页图 |

*** 温馨提示：进入保护区需提前申请预约。**

邦溪省级自然保护区

邦溪省级自然保护区就藏在白沙邦溪镇里，它的使命是守护海南坡鹿和它们的家。爬上观景塔，一眼望去，坡鹿们在绿油油的树林里闲逛，优雅的身姿，独特的魅力，让人一见难忘。这里不仅是坡鹿的安乐窝，海南兔、蟒蛇、穿山甲、原鸡、海南山鹧鸪这些稀客也都爱在这儿住。保护区里还有一片热带雨林，随意走走，呼吸那清新的空气，感觉整个身心都被治愈了。

白沙陨石坑国家地质公园

位于白沙牙叉镇东南 9 公里的陨石坑，直径 3.7 公里，于 2017 年 11 月获批省级地质公园，次年 4 月升级为国家地质公园。该陨石坑是 70 万年前陨石撞击地球的遗迹，内含无球粒陨石碎块，是一处珍稀的太空旅游资源。陨石坑的周缘环形山脊连绵不断，仅在西南缘被两条溪流冲刷出豁口。岁月流转，70 万年前的撞击坑现已成为富饶的茶园，孕育了海岛最柔和的一抹绿色——白沙绿茶，其独特的茶香传递着黎族茶文化的精髓。

白沙原生态茶园小镇

从白沙牙叉镇出发，沿旅游公路东南行，驶入茶山间，撞见茶香满怀。这里利用白沙陨石坑的地理气候，结合梯田茶园、河谷溪流和黎族农耕文化，打造了一个集生态茶叶生产、茶园观光休闲和黎族文化体验于一身的特色茶园小镇。

茶园小镇不仅有连绵起伏的茶园，还有迷人的河谷溪流以及丰富多彩的黎族文化。在这里，可以向茶农学习采茶技巧，在炒茶体验区 DIY 自己的茶叶，还能品味最纯正的白沙绿茶以及由此衍生的各种美食佳肴。以茶作墨，以路为笔，执笔着墨，快来这里写下茶香清新的公路体验篇章吧。| 本页图 |

九架岭

从白沙牙叉镇向西行驶 6 公里，可赏花，可观云雾的九架岭就坐落在此，当地管理部门还贴心设置了沿路停歇观赏的平台。每年 2 月至 3 月，是木棉花盛开的季节，九架岭上，一簇簇火红萦绕枝头，孤傲又艳丽。木棉红时，山中的槟榔、马占相思、橡胶、竹子等绿树绿叶甘心陪衬，层峦叠嶂、万物生长的蓬勃春日扑面而来。九架岭不仅可以赏花，还可观云雾。因着一侧高山一侧盆地的独特地势，盆地处极易起雾，九架岭盘山路上时常能看到云雾环绕群山的美景。如若一齐遇见，可真是山上红花，山下白雾，美不胜收。

美味白沙

白沙绿茶

白沙绿茶产自富含营养的丘陵地带，得益于陨石坑独特的气候和土壤条件，该茶氨基酸、酶类等营养成分含量高，水浸出物和水溶性灰分指标超出国家标准。其外形匀整，色泽绿润有光泽，香气清新持久，汤色黄绿明亮，口感醇厚甘甜，饮后回甘留香。白沙绿茶的耐泡性在连续冲泡中尤为突出，表现为“一开味淡，二开吐露，三开四开味道浓郁，五开六开味道逐渐减弱”。

黎家凉茶

在白沙，有一款备受当地居民欢迎的饮品——凉茶。它带有微微的苦味，由中草药制成，具有解渴、清热祛湿等健康功效，可称得上是一种非传统意义上的茶饮。据研究人员的市场调查统计，白沙地区常用的凉茶植物多达 31 种，其中较为常见的有寄生茶、鹧鸪茶、葫芦茶、肾茶、苦丁茶和木棉花茶等。

山兰酒

黎族人喜欢饮酒和酿酒，常以自酿的山兰酒招待客人。他们用扁叶刺、山橘叶等植物作为酒曲，与糯米饭混合发酵，制成乳白色带微黄的新酒。随时间推移，酒色会加深，几年后可能变为橙红、红或红褐色。｜本页图｜

黎家竹筒饭

黎家竹筒饭是海南黎族的传统美食，将山兰米和调料放入竹筒烤制。制作材料有山兰米、猪瘦肉、酱油、盐、味精、水、猪油和五香粉。成品竹筒饭竹筒鲜绿，米饭酱黄，香气扑鼻，口感柔韧，味道丰富。

肉茶

肉茶非茶，是海南黎族人对其喜爱的一种特色腌制食品的叫法。主要原料包括山猪肉、猪肉和米饭等。制作时，先将肉洗净并用食盐腌制 1 ~ 5 小时，接着彻底冲洗并晾干。随后将煮熟的干米饭与腌制好的肉混合均匀，加入适量的姜片和蒜，装入缸坛或玻璃瓶中密封进行发酵。大约经过 20 天后即可开封享用。

黎族南杀

黎族南杀是腌制菜品，是当地黎族老百姓招待贵客和重大节日必不可少的美食，分为肉南杀和菜南杀。肉南杀是将米饭放入坛子里，加入田蟹、蚂蚱或其他小型动物的肉，封严坛口埋入地下一个月后食用；菜南杀是将米粥内放入野菜封入坛内发酵后品尝。友情提示，南杀口味独特，不是每个到访者都能习惯哦。

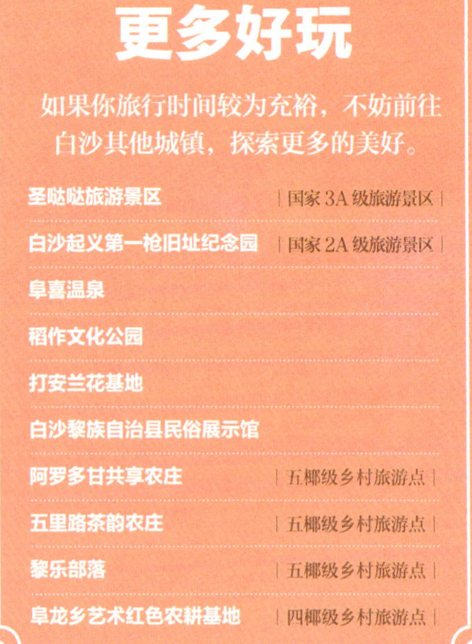

更多好玩

如果你旅行时间较为充裕，不妨前往白沙其他城镇，探索更多的美好。

圣哒哒旅游景区	｜国家 3A 级旅游景区｜
白沙起义第一枪旧址纪念园	｜国家 2A 级旅游景区｜
阜喜温泉	
稻作文化公园	
打安兰花基地	
白沙黎族自治县民俗展示馆	
阿罗多甘共享农庄	｜五椰级乡村旅游点｜
五里路茶韵农庄	｜五椰级乡村旅游点｜
黎乐部落	｜五椰级乡村旅游点｜
阜龙乡艺术红色农耕基地	｜四椰级乡村旅游点｜

旅行实用信息

租车攻略

“一嗨租车”网点

白沙牙叉中路店
白沙牙叉镇牙叉中路 348 号 1 幢 101 商铺（可导航白沙金豪商务宾馆）

金凯大酒店（送车点）
白沙牙叉镇桥北路 2 号

全民体育健身中心（送车点）
白沙牙叉镇金沙东路

佳捷精品酒店（送车点）
白沙牙叉镇环城中路方亮新区白沙汽车站站西行 600 米

天艺精品酒店（送车点）
白沙牙叉镇牙叉中路与怡心北路交叉口往东南约 50 米

*** 仅展示部分，其他可根据平台站点就近选择**

驾驶攻略

加油站及充电桩

海南环热带雨林国家公园旅游公路·白沙段沿途加油站和充电桩数量较少，建议游客自驾过程中利用地图 App 和相关小程序提前规划加油点和充电站点。

休憩指南

住酒店

白沙福安泰隆酒店
白沙牙叉镇南云路南湖小区西北侧 | 18889333234

麗枫酒店（白沙店）
白沙牙叉镇牙叉中路 344 号 | 0898-27519999

白沙金凯大酒店
白沙牙叉镇桥北路 2 号 | 0898-27715999

白沙奥运村酒店
白沙牙叉镇奥运路 8 号 | 0898-38681333

住民宿

铂悦度假酒店
白沙七坊镇阿罗多甘生态农业 101 号 | 0898-38681818

白沙学而山房邦溪水院 | 本页图 |
白沙邦溪镇南牙村一组 12-2 | 18808990166

五里路茶韵民宿
白沙牙叉镇牙叉五队五里路有机茶园 | 13878040569

白准村同心岛民宿
白沙阜龙乡白准村 01 号 | 18084669959

购物攻略

特产推荐

白沙绿茶　红、白竹藤器
白沙红心橙　白沙毛薯
山兰酒　骨簪

*** 以上具体信息以实际为准**

扫码关注“白沙旅文”微信公众号

海南环热带雨林国家公园旅游公路
HAINAN
Natural Mysteries Tour
生态秘境之旅

昌江 东方 乐东
Changjiang Dongfang Ledong
Natural Mysteries Tour 生态秘境之旅

昌江·霸王岭

出发速览

线路全长

156.4 公里

途经市县

昌江、东方、乐东

精彩亮点

雨林之巅日出
喀斯特山水秘境
雨林明星物种
古老船型屋
山野珍馐美食

游玩指数

休闲度假 ★★★
影像记录 ★★★★★
雨林探秘 ★★★★★
美食江湖 ★★★★★
亲子旅行 ★★★

玩家画像

对小众秘境具有无限好奇心和探究欲的旅行家；喜欢将旅行定义为一场勇气大冒险的户外达人以及乐于感受登顶那一刹那热泪盈眶的感觉的登山者。

这里玩什么

在海南环热带雨林国家公园旅游公路上，如果说有哪一段能让你玩得最野，同时不失浪漫的话，那么昌江—东方—乐东段一定能满足你的期待。凭借着独特的地理位置和气候条件，这里无论是大海沙滩还是雨林山峦，都刻印着“原始”和“小众”的标签，给你带来截然不同的风光景致和旅行体验。

这段旅游公路上散落着许多神仙级的生态秘境，比如有着“霸王归来不看树”盛名的昌江霸王岭；被誉为“海南东方小桂林”的俄贤岭，可以邂逅“石头上的雨林”奇观；或是前往山海相连的乐东尖峰岭，等待一场浪漫的云海日出……这里还是一座珍贵的“物种基因库”，栖息着全球极度濒危的海南长臂猿和海南坡鹿等雨林明星物种。

除了迷人的风景，这里的美食也展现出了山野地带独有的风味。东方烤乳猪、昌江霸王岭山鸡和乌烈乳羊、乐东黄流老鸭等珍馐美食，可以让你尽情感受优质食材带来的顶级鲜味。

逃离喧嚣，向山而行，这里独属于那些勇于探险和向往自然的人！

热带雨林国家公园游玩点

昌江：霸王岭、黎花三里、皇帝洞、十里画廊、宝山梯田
东方：娥仙岭生态文化旅游区、大广坝水库、白查村
乐东：尖峰岭、佳西村、椰林湾农家乐

Changjiang road section

海南环热带雨林国家公园旅游公路

昌江段

昌江黎族自治县位于海南岛西部，处山海云雾之间，是海南岛建置较早的郡县之一，也是著名的芒果之乡、木棉之乡、海南黎陶之乡。

昌江，像是一个被大自然眷顾的城市，特殊的地理风貌和气候状况，孕育出了壮美的山海风光和千年的黎乡风情。它曾经是一座随着铁矿开发而兴起的工业城市。近些年，它又凭借春日的木棉、渔村的蘑菇屋、复古的铁矿风景、棋子湾的奇石、霸王岭的长臂猿等一次次火爆“出圈”，它总是不断带给人惊喜，古老而又年轻，真诚而又热烈。它从来不缺值得你造访的理由，春赏木棉红、夏品芒果香、秋游棋子湾、冬登霸王岭，一年四季，常去常新。

海南环热带雨林国家公园旅游公路·昌江段深入雨林腹地，穿行其中可以坐拥石碌水库的青山碧水，遇见霸王岭深处的“猿”分，邂逅黎族古老的民居村落，探寻神秘的喀斯特溶洞和十里画廊以及奔赴一场春日木棉花开的盟约……这里兼具绝美的自然风光和独特的人文景观，无论你是喜欢挑战自我的户外爱好者，还是想要休闲漫游的普通玩家，都能在这片神奇的土地上找到属于自己的乐趣。

石碌水库

海南环热带雨林国家公园旅游公路·昌江段
海南环岛旅游公路
海南高速

S310
G361
珠碧江
昌江黎族自治县
G98
石碌水库
S291
昌化江
东方市
S314
霸王岭
俄贤岭
N
全长 57.8 公里

Changjiang
昌江

关键词

霸王岭猿啼　春日木棉　山水秘境　淳朴黎乡

海南环热带雨林国家公园旅游公路·昌江段主线全长 57.8 公里，起点石碌镇，经叉河镇到达终点七叉镇，途经石碌水库、石碌国家矿山公园、霸王岭、王下乡（含黎花三里、皇帝洞、十里画廊）、木棉观赏区（含宝山村梯田木棉、尼下村昌化江畔木棉）等。

玩转雨林

霸王岭国家森林公园景区

当你翻开神秘的雨林之书，那霸王岭一定是充满童趣的一页。这里林海密布、蕉叶如盖、猿啼鸟鸣，是野生动植物的王国。最值得一提的是，这里栖息着一群濒危程度远高于大熊猫的物种——海南长臂猿，它们是著名的“雨林歌王”和“运动健将”，而霸王岭正是海南长臂猿全球唯一分布地。截至 2024 年 6 月，海南长臂猿数量已增至 42 只，其中成年公猿为黑色，母猿为金黄色。封三页可扫码聆听海南长臂猿的“歌鸣”。

霸王岭素有“霸王归来不看树”的美誉，开发有雅加和白石潭两个景区，相隔十几公里，各自独立，都是登山的好去处。雅加景区集雨林栈道、参天古树、流泉飞瀑、巨石河道于一身，主要由情道、康道、乐道三条栈道组成，长度分别为 0.8 公里、1.5 公里和 1.4 公里，康道终点即山顶平台。白石潭景区则设有一条长约 1.3 公里的观光栈道“孝道”，可以感受原始森林最本真的样子。霸王岭登山栈道总长度较长，建议游客量力而行。如果你想要深度漫游雨林，不妨在山脚下的酒店住上一晚，感受高浓度负氧离子带来的“元气满满”。

| 本页左图 |

*** 温馨提示：霸王岭雅加景区“乐道”因升级改造暂不对外开放，出行前请务必确认景点的开放情况。**

昌江木棉观赏区

在昌江，春天的美好都浓缩在了木棉花里。每年春节前后，昌江的雨林山谷里、河湖溪流旁、乡间公路边一朵朵木棉花热烈绽放，自驾穿行其中，仿佛穿梭于一团团火焰之中。其中，有三种别具特色的木棉景观非常值得推荐，包括梯田木棉、昌化江畔木棉和火车铁路木棉，分别位于七叉镇宝山村、七叉镇尼下村和叉河镇排岸村，前两者距离霸王岭较近。清晨是观赏木棉的最佳时间，远处雨林山间晨雾缭绕，近处木棉火红娇艳，呈现出一种如梦如幻的美。| 本页右图 |

石碌水库

沿着旅游公路从白沙进入昌江境内，一池盈盈绿水就蓦地“跳”入眼中，让人惊喜万分，这就是横贯昌江、白沙两县的石碌水库。这里离县城不远，但又远离人群，让你有一种承包了整片水域的感觉。极目远眺，只见四周青山环绕，水波温柔荡漾，湖中仙岛竞秀，让人心旷神怡。水库大坝旁的斜坡草地是宝藏出片地，尤其是天气晴好的时候，抬头一看好像闯入了动漫的世界。

黎花三里 | 三派村、浪论村、洪水村 |

王下乡“黎花三里”地处霸王岭腹地，“三里”分别指的是“诗里画里”的三派村、“时光里”的洪水村 | 本页图 | 以及“歌里酒里”的浪论村。三个村子面积不大，但各具特色，是感受浓郁黎家风情和多彩黎族文化的好去处。

三派村可以说是一座“露天的黎族文化博物馆”。村民们将黎族制陶、织锦、舂米、酿酒等生产生活场景，搬到了房前屋后的墙上。每一幅手绘壁画背后，都藏着千年黎乡厚重的历史文化，每一个巷弄拐角都可以收获一个新的知识点；走进洪水村，便是走进了旧时光。这里有海南保存得最完整的黎族传统民居——金字形茅草屋，堪称是黎族文化的“活化石”。村后是大片的稻田，一直蔓延到雨林脚下，古村新稻、椰林掩映、溪水潺潺，勾勒出一幅诗意的田园画卷；隐匿于大山深处的浪论村被群山与河流所环抱。这里的村民大多能歌善舞，他们将热情好客“兑”进歌里酒里，献给每一位远道而来的旅人。其中，洪水村和浪论村建有颇具黎族文化特色的民宿，可以给你一场隐居世外桃源的体验。

皇帝洞、十里画廊

除了如诗如画的黎村，王下乡还有两个相邻的小众打卡点：第一个是隐藏于峻峭岩壁上的皇帝洞，是典型的喀斯特溶洞。其洞口位于山腰，形似虎口，是海南洞口较大的岩溶洞穴之一。洞高约 25 米，长约 130 米，洞厅呈拱形，平坦宽敞。洞内石钟乳、石笋、石幔姿态各异，尽显大自然的鬼斧神工。从洞口望去，南尧河两岸秀丽的风光尽收眼底。每到春季，洞口旁的木棉花开，更是锦上添花，尤为惊艳。

从皇帝洞顺南尧河前行，只见一幅气势宏伟的巨型喀斯特山水画卷沿着两侧河谷蜿蜒铺开，这就是昌江的十里画廊。因山体石灰岩长期受到雨水的侵蚀，形成了陡峭垂直的峭壁，峭壁的表面自然形成千奇百怪的黑、红、黄等多种颜色的图案，宛如一幅巨大的印象派画卷，可以体验“水绕青山过，人在画中行”的美好。| 对页图 |

美味昌江

捞叶炒霸王鸡

珍馐一席，不如野菜一味！雨林原生态的放养环境，赋予了霸王岭山鸡紧实的肉质和独特的风味，而野外自然生长的捞叶更是整道菜的精华，两者一起下锅翻炒，每一口鸡肉都混着捞叶的天然清香，让人无法拒绝。

霸王炸蛋

这是来到霸王岭必吃的一道特色菜，以其酥脆的表皮、诱人的色泽以及酸甜的口感“圈粉”无数，入口蛋香浓郁，令人回味无穷！

乌烈乳羊

乌烈乳羊是昌江最负盛名的一道美食。因为采用的是乳羊，所以脂肪少、无膻味，多以水煮白切的做法为主，表皮晶莹剔透，皮弹肉滑，被誉为西部山珍。原汁原味的乳羊肉，搭配灵魂酱汁咬上一口，味蕾瞬间被唤醒。

叉河五脚猪

叉河五脚猪，又名香猪，由山区小种猪与野猪杂交繁殖而成。它皮厚油少，肉质结实，做法多样，尤其以红烧、干煸的做法最下饭，嚼劲十足，香气四溢。

昌化海鲜

如果你计划去棋子湾，那一定不要错过附近的昌化海鲜！昌化镇是一个宁静悠闲的渔港小镇，在品尝新鲜捕捞的海鲜大餐的同时，还可以感受海岛渔乡的慢时光。

更多好玩

如果你旅行时间较为充裕，不妨前往昌江沿海及其他城镇，探索更多的美好。

- 百年芒果园
- 峻灵王庙
- 石碌铁矿国家矿山公园
- 保突村制陶馆
- 钱铁洞

海南环岛旅游公路昌江段

除了海南环热带雨林国家公园旅游公路，海南还建有一条全长 988 公里、贯穿全岛海岸线的环岛旅游公路，其中昌江段主线全长 57.3 公里，北起于珠碧江大桥，南至昌化镇，途经海尾国家湿地公园、沙渔塘村、棋子湾、昌化镇等地。在这段旅游公路上，可以遇见大海 + 奇石、大海 + 湿地、大海 + 网红渔村等各种奇妙组合，好像开盲盒一样，有点儿预期但总能带给你惊喜，赐予你现实版“向往的生活”！

推荐游玩点

棋子湾旅游度假区

棋子湾是一个唯美浪漫而又气势磅礴的地方，主要由大角、中角和小角组成，其中大角有着平坦开阔的沙滩和亲海栈道；中角和小角尚未被开发，前者适合赶海看灯塔，后者的奇石和落日景观则堪称一绝。大海、礁石、沙滩、落日、木栈道、仙人掌、海防林……你可以在这里找到 N 种打卡拍照的可能！ | 本页图 |

沙渔塘村

综艺《向往的生活》拍摄地

“我有一所房子，面朝大海，春暖花开”。想要感受诗里描绘的美好，那一定要去海尾镇的沙渔塘村。2022 年，综艺《向往的生活》在这里取景，带火了这个小渔村。在海边或漫步或发呆，静静感受落日的温度，“浪漫”仿佛得到了具象化。

海尾国家湿地公园

海南的海有万种姿态，你试过在湿地里看海吗？海尾国家湿地公园与大海为邻，却是一处淡水沼泽湿地，被誉为“海南西部鸟类的天堂”，是踏青观鸟、看海赏花的好去处！

旅行实用信息

租车攻略

“一嗨租车”网点

棋子湾站店

昌江乌烈镇棋子湾站出站口右前方停车场（一嗨租车岗亭）

昌江环城东路店

昌江石碌镇环城东路 48 号 104 红林小区商铺

*** 仅展示部分，其他可根据平台站点就近选择**

驾驶攻略

加油站及充电桩

昌江段沿途加油站和充电桩数量较少，建议游客在自驾过程中利用地图 App 和相关小程序提前规划加油点和充电站点。另外，昌江霸王岭景区和王下乡山路较多，出发前请确保油量和电量充足。

休憩指南

住酒店

昌江霸王岭雅加会议中心

昌江石碌镇霸王岭国家森林公园景区 | 0898-26881888

海南棋子湾开元度假村

昌江昌化镇棋子湾旅游度假区广德路 68 号 | 0898-31156666

海南万国棋子湾海滩大酒店

昌江昌化镇北斗西路 | 0898-26999999

住民宿

昌江浪悦黎奢民宿

昌江王下乡浪论村 | 19808901668

昌江黎奢时光里民宿 | 本页图 |

昌江王下乡洪水村 | 19808901669

知野客 · 棉山野宿

昌江七叉镇尼下村 1 号码头 | 13648699400

昌江苗村天涯驿站木棉客栈

昌江七叉镇苗村 | 0898-26662000

昌江 · 蘑菇屋

昌江海尾镇沙渔塘村 | 18976717868（电话预订）

购物攻略

特产推荐

乌烈乳羊　霸王岭山鸡　昌江芒果

昌江三宝（海南黄花梨、沉香、昌江玉）

特产门店

昌江玉石一条街

昌江石碌镇和悦家园北门商铺

城市商圈

恒基广场

昌江石碌镇市民广场二路与昌江大道交叉口东南 150 米 | 0898-26697789 | 09:30-22:30

*** 以上具体信息以实际为准**

扫码关注“昌江旅文”微信公众号

Dongfang road section

海南环热带雨林国家公园旅游公路

东方段

东方市位于海南岛西部，两千多平方公里的热土上，绵延着海南最大的热带平原——感恩平原，116 公里长的海岸线坐拥八港七湾。这里山水灵动、物华天宝、资源富集，海边飞着稀有的“黑脸琵鹭”，山里跑着特有的“坡鹿”，林里长着珍贵的“黄花梨”，是海南岛西线海岸上的一颗明珠。

和西线的其他城市不同，东方市区紧邻海边，可以很轻易地抵达海南岛的最西端——鱼鳞洲，在这里可以收获灯塔和落日同框的唯美场景。附近还有红树林湿地、滨海公园、铁路博物馆、风车海岸、花梨谷等丰富多样的景观随意散落着。然而，这只是东方市触手可及的其中一面，在雨林腹地深处还藏着许多“隐秘的角落”，想要解锁它“私藏”的一面，我们需要向着茂密的热带雨林进发……

海南环热带雨林国家公园旅游公路·东方段途经海南岛罕见的喀斯特地貌原始热带雨林，可以打卡娥仙岭生态文化旅游区和大广坝水库等新晋网红打卡点，在旷野里，感受纯粹的自然世界。除了灵动的山水秘境，这里还可以探寻黎族古老的人文符号——船型屋，在泥土和茅草构筑的简单世界里，将一身的桎梏卸下，让快乐回归成为一件很简单的小事……

俄贤岭
（海拔 1238 米）
大广坝水库

Dongfang
东方

关键词

喀斯特山水　古老船型屋　神奇溶洞　会“飞”的鹿

海南环热带雨林国家公园旅游公路・东方段主线全长 47.3 公里，起点东河镇，终点江边乡，途经娥仙岭生态文化旅游区、大广坝、白查村、雅龙村六体连榕等地。

玩转雨林

东方娥仙岭生态文化旅游区

在东方俄贤岭的群山中，藏着一片罕见的“石头上的雨林”奇观。这里是海南省内现存面积最大、原生状态保存得最完整的喀斯特地貌原始热带雨林。喀斯特地貌和热带雨林完美结合，形成了一片山水相环、翠绿互挽的生态秘境，这也是俄贤岭区别于其他雨林景区的独特之处，也由此获得了“东方小桂林”的美誉。

俄贤岭共由 9 座山峰组成，山似碧玉，半浸入水中，远眺犹如一条巨龙横卧湖面。俄贤岭内建有集“山清、水秀、洞奇、林美、黎情”于一身的娥仙岭生态文化旅游区。｜本页图｜景区内奇峰突兀，上万年的流水将石灰岩山体镂刻得千奇百怪；水面如镜，倒映着连绵的喀斯特地貌山体。乘船穿行于俄贤岭山水之间，仿佛闯入了一幅巨大的立体山水画。每年冬春之时，早晨流动的云雾缭绕着绵延的山脉，一片仙气弥漫，叫人分不清是在天上还是在人间。在俄贤岭的半山腰，有一个天然的大溶洞“娥娘洞”。洞的入口处有一天然巨石，酷似女子侧面，就像是传说中的娥娘。洞内曲径幽深，可游览的线路约800米，梦幻多彩的霓虹灯将石钟乳、石笋、石瀑衬得各具其形，妙趣横生。

大广坝水库

大广坝水库是海南第二大水库，坝长近 6 公里，气势恢宏，横卧如龙。这里视野开阔、碧波万顷，目之所及皆是风景，大坝的一边是千沟万壑、支离破碎的裸露石群，一边是“高峡出平湖”的山水图景；远处的岸边还生长着一片木棉树，每年春天花开之时，火红的木棉、如黛的山峦、青绿的湖水相映成趣，形成一派山水相融的绝美春景。此外，这里也是远眺俄贤岭宏伟身姿的绝佳去处。

从大广坝前往白查村途经一段盘山公路，车行其上，移步换景。路上设有一处玉龙山观景台，可俯瞰整个大广坝风景区和远眺巍峨的俄贤岭，宛如一幅无边的山水画卷从脚下向天边铺开。再往前，顺着昌化江畔徐徐而下，一路绿水萦回，船行江上，人游画中，自有一番怡然之情。

大田国家级自然保护区

在大田国家级自然保护区，生活着一群可爱的原野精灵——“坡鹿”，在全世界仅海南独有。因为主要栖居于海拔 200 米以下的丘陵坡地或平地，所以得名“坡鹿”。它们是国家一级保护动物，也是中国 17 种鹿类动物中最珍贵的一种，被世界自然保护联盟列为濒危物种。坡鹿体形小巧，在鹿群中显得格外清秀，但它们可是穿梭于丘陵间的跳跃高手哦！其中雄鹿的头上长有一对大型弧状角。

为更好地保护这一群海岛居民，1976 年，东方大田国家级自然保护区建立；1986 年，被批准为国家级自然保护区，海南坡鹿的数量也由此逐步增多，种群逐渐稳定。| 本页上图 |

温馨提示：大田国家级自然保护区暂未对外开放。

白查村

白查村是大山深处一座与世隔绝的古村，是黎族传统民居船型屋保存得最完整的自然村落。村内有 87 间保存完好的船型屋，因外形像篷船、内部像船舱而得名。它们和昌江洪水村的金字形茅草屋一样，同属于黎族的传统民居。2008 年，“黎族船型屋营造技艺”被认定为国家级非物质文化遗产。

步入白查村，只见四周椰林掩映，芳草萋萋，一间间低矮的船型屋星罗棋布，犹如一艘艘倒扣的船，展现了热带地区独特的建筑样式，可以深切感受黎族先民传承至今的璀璨人文印记。| 本页下图 |

六体连榕

在东方市江边乡的雅龙村，有一处奇特的自然景观——六体连榕。只见中间一棵大榕树枝繁叶茂，长势如同三棵树，与外围的三棵小榕树各自相距十多米，随着岁月的流逝，“六树”枝叶合体生长，早已看不出彼此，由此形成了六体连株的奇观。另外，雅龙村四周风景秀美，清幽僻静，可以打卡旖旎的喀斯特地貌山水风光。

美味东方

四更烤乳猪

烤乳猪常作为海南的一道主菜，出现在婚宴、庆典、祭祖等重要场合。而海南东方的四更烤乳猪更是其中的佼佼者，其特别之处在于选用的是 30 天左右的乳猪，体型更加小巧，口味更加上乘。经炭火烤上数小时后，表皮呈焦红色；再蘸上白糖送入口中，只觉皮脆肉嫩，香酥味浓，令人爱不释口。| 本页图 |

露面

露面是当地一道独具特色的风味早餐，河粉裹上浓稠的卤汁，再添上肉干、芝麻、花生、豆芽、酸菜、香菜等多种配料，吃起来爽滑鲜美，味道丰厚，甜口中还带有一点点咸香。

东方酸瓜

酸瓜大多选用当地的小种西瓜腌制而成，酸爽开胃。在东方，“吃瓜”的花样超乎想象，做法上可炒、炖、焖、煨，配菜上可与各种海鲜、肉类搭配。其中，酸瓜煮海鱼、酸瓜炒猪肚、酸瓜海白煲等都是特色菜。

感城空心菜

在海南，空心菜是一道深受喜爱的家常菜，而感城空心菜与其他地方的空心菜大有不同，其大多种在感恩河入海口处两边泥沙肥沃的农田里，这样长出来的空心菜叶少茎粗，水分充足，炒起来脆嫩清香。

罗带粽子

与传统的三角粽不同，东方的罗带粽有四个棱角，采用细长的野菠萝叶包缠而成。其选材讲究，选用的是当地的农家黑猪五花肉、鸭蛋黄和糯米。这样烹煮出来的粽子咸香软糯，还带有淡淡的野菠萝叶的清香。

更多好玩

如果你旅行时间较为充裕，不妨前往东方沿海及其他城镇，探索更多的美好。

- 海南花梨谷文化旅游区 | 国家 4A 级旅游景区 |
- 东方自然瑰宝园景区 | 国家 3A 级旅游景区 |
- 金月湾
- 海东方沙滩公园
- 昌化江三角洲自然公园
- 黑脸琵鹭省级自然保护区
- 四必湾湿地
- 北黎老街
- 海南黄花梨山庄 | 五椰级乡村旅游点 |
- 鳄珍鳄鱼产业园 | 五椰级乡村旅游点 |
- 马龙温泉水乐园 | 四椰级乡村旅游点 |
- 助村公社农耕文化园 | 四椰级乡村旅游点 |
- 乐妹兰花产业园研学基地 | 四椰级乡村旅游点 |

海南环岛旅游公路东方段

除了海南环热带雨林国家公园旅游公路，海南还建有一条全长 988 公里、贯穿全岛海岸线的环岛旅游公路，其中东方段主线全长 74.3 公里，起于金月湾，终于珠碧江大桥前，途经板桥、感城、新龙、八所、四更、三家 6 个镇，迎着海风一路自驾过去，大海、湿地、灯塔、风车将次第出现在眼前，不经意就与浪漫撞了个满怀……

推荐游玩点

鱼鳞洲灯塔

鱼鳞洲灯塔屹立在海边遗世独立的一座小山上，是海南岛陆地的最西点。其始建于 1957 年，塔身主体呈白色，时至今日仍是北部湾的重要航标。蓝天白云之下，鱼鳞洲灯塔好像一座悬浮的天空之城，美好得如同闯入了一个蓝白色的童话世界。傍晚的时候，日落余晖将大海染成金色，灯塔在“橘子海”的映衬下氛围感满满，随手一拍都是大片。｜本页图｜

海南铁路博物馆

距离鱼鳞洲灯塔 3 公里处，藏着一家海南铁路博物馆，是铁路迷不可错过的地方！博物馆由原海南铁路总公司旧址改造建成，分为室内和室外两大部分。走进博物馆，除了可以了解海南铁路的发展史，还可以造访老旧的蒸汽机车、绿皮火车、内燃机车等各类珍贵铁路文物，满载着那个时代的荣光和几代人的乡愁记忆……

*** 温馨提示：周末和节日闭馆。**

感城风电场（青草湾）

沿着环岛旅游公路到达东方青草湾，抬头便可看见成排的白色大风车擎天而立、迎风飞旋，搭配狂野的西线海岸，有一种苍劲雄浑且颇具冲击力的美感。

旅行实用信息

租车攻略

“一嗨租车”网点

东方站店

东方八所镇解放东路东方站大车停车场（面对东方站最左侧停车场）

东方园林中路店

东方八所镇园林东路南侧、教育路东侧（一层 6 号铺面）

*** 仅展示部分，其他可根据平台站点就近选择**

驾驶攻略

加油站及充电桩

东方市的加油站大多分布在沿海地带，雨林公路沿途加油站和充电桩数量较少，建议游客在自驾过程中利用地图 App 和相关小程序提前规划加油点和充电站点。

休憩指南

住酒店

东方高铁站亚朵酒店

东方八所镇福龙中路 4 号 | 0898-38956888

全季酒店（东方大道店）

东方八所镇东方大道 44 号 | 0898-38959999

东方佳源东方索契酒店

东方板桥镇金月湾滨海旅游度假区迎宾大道 1 号 | 0898-38977777

住民宿

海南黄花梨山庄

东方东河镇金炳村汇利花梨基地 | 18289891313

东方留下海民宿

东方八所镇港门村观海路 4 号 | 15845555511

购物攻略

特产推荐

四更烤乳猪

海南黄花梨手工艺品 | 本页图 |

特产门店

春光海南特产（琼西路店）

东方八所镇琼西路天源海景

城市商圈

万达广场

东方八所镇感恩南路与永安东路交叉路口往西北约 50 米 | 0898-31100128

周一至周四、周日（10:00—22:00）

周五至周六（10:00—22:30）

*** 以上具体信息以实际为准**

扫码关注“东方旅文”微信公众号

昌化江

Ledong road section

海南环热带雨林国家公园旅游公路

乐东段

乐东黎族自治县位于海南西南部，靠山临海，是海南土地面积最大、人口最多的少数民族自治县，县人民政府设在抱由镇，素有“天然温室”“热作宝地”“绿色宝库”等美称。

乐东，一个低调且拥有多种性格特质的城市。高温少雨的热情，孕育了中国南方最大的海盐场，成就了荒滩变万顷盐田的奇迹；清新盎然的活力，诞生于尖峰岭和佳西林区的那一片郁郁葱葱；风情万种的温柔，则来自那 84 公里的黄金海岸线，幻化成了龙沐湾、龙腾湾和龙栖湾三大海湾；同时，它还兼具千年历史的厚重，据乐东出土的汉代银印“朱庐执刲”鉴证，早在两千多年前，黎族先民就已在这块土地上繁衍生息……

海南环热带雨林国家公园旅游公路·乐东段途经尖峰岭、佳西自然保护区等雨林片区，这里峡谷众多、雨林密布，宛如一个现实版的“绿野仙踪”。登上尖峰岭即可一览大海和林海同框的奇妙景致，破晓时分，还能看到太阳从翻腾的云海中跃出的震撼景观。此外，这里还保留了许多未经开发的生态秘境，是户外爱好者和摄影师的天堂，如佳西自然保护区有着一条神奇的红色河流。这里的一切都是那么原始，让人可以驭风归山林，夜宿天池边，做一个满是绿意的梦。

Ledong
乐东

关键词

云海日出　高山天池　小众秘境　山海相连

海南环热带雨林国家公园旅游公路・乐东段主线全长 51.3 公里，起点抱由镇，终点志仲镇，串联了抱由镇、大安镇和志仲镇，途经尖峰岭、佳西自然保护区、毛公山等地。

玩转雨林

海南热带雨林国家公园尖峰岭景区

作为中国唯一山海相连的国家森林公园，尖峰岭是旅游公路上最具特色的雨林景区之一，曾入选中国国家地理评选的“中国最美十大森林”，《冲出亚马逊》《张学良》《HOLD 住爱》等影视剧都曾在此取景拍摄。尖峰岭主峰海拔 1412 米，因其状如矛尖、直冲云霄而得名。

尖峰岭主要景点有主峰、天池、鸣凤谷和雨林谷等。游玩时可分为两条线路进行，首先进入景区大门后往右走可攀登主峰，从山脚步行登顶需要一个半小时左右。主峰山顶建有 360 度的观景平台，是海南夜间登高看星河万里、日出云海的网红目的地；而进入大门后往左走可前往天池、鸣凤谷和雨林谷，半路上还能远眺壮观的尖峰岭主峰。其中天池海拔 800 米，是一个波平如镜的高山湖，由于终日被云雾笼罩，因此得一“天池”美称，是著名的避暑胜地。鸣凤谷和雨林谷内随处可见原始的热带雨林景观，有胸径超过 2 米的“板根巨树”；有树干上附生多种植物的“空中花园”；有被绞杀榕紧紧围困“绞杀”的百年大树；还有悬吊空中的“气生根”，经过百年生长，逐渐形成“独木成林”的雨林奇观……景区天池边有度假酒店，建议游客安排两天的游玩时间。｜本页图｜

*** 温馨提示：尖峰岭主峰和鸣凤谷于 2024 年 9 月因改造暂时关闭，工期预计 1 年，出行前请务必确认景点的开放情况。**

佳西村

佳西村是乐东抱由镇的一个黎族村落，坐落在佳西自然保护区附近。保护区森林茂密、溪涧密布，是一处人迹罕至的雨林秘境。这里山势巍峨壮观，千米以上有名山峰共十座，最高的猴猕岭海拔1655 米，是海南第三高峰。凭借独特的自然环境优势，佳西村也成为感受黎族风情和雨林生态之美的好去处。每年一月至二月，是这里最美的季节：山上的橡胶林树叶慢慢由绿变黄、变红，满山层林尽染，绚烂至极，这便是独属于热带海岛的“红叶季”。到了春节前后，这里又成为木棉花的最佳观赏点之一。

佳西村还藏着一条神奇的红水河，顾名思义，其特别之处在于河水竟然是红色的。据说是因为保护区的山顶上分布着数千亩海南五针松，落叶年深日久越积越厚，底层的落叶因为不见阳光和潮湿开始腐烂，分解出一种红色的物质，把河水染成红色，因此得名红水河。

＊温馨提示：佳西自然保护区未开发，未经允许不得擅自进入雨林腹地等不明区域。

毛公山

乐东志仲镇有一座神奇的毛公山，长约4000 米，中部突起一座高 630 米的花岗岩山。放眼望去，整座山体气势雄浑，沟壑纵横，葱郁的绿色流淌在连绵起伏的山势间。山下的雅亮河与南文河清澈见底，河滩布满了斑驳陆离的奇石，是静享雨林山水乐趣的好地方。| 本页图 |

椰林湾农家乐

椰林湾农家乐是一家坐落在尖峰岭山脚下的海南五椰级乡村旅游点，占地面积65亩，可以提供餐饮、住宿、果蔬采摘等旅游体验。这里三面环山、椰林环绕、溪水潺潺，住在这里即可邂逅“推门见山”的绝美景致，静享雨林人家里的“慢时光”。

美味乐东

黄流老鸭

如果要选出一道菜来代表乐东美食，那莫过于黄流老鸭了，通常有白斩和干煸两种做法，其中以原汁原味的白切老鸭最受当地人喜爱。皮劲肉香的老鸭，搭配鸭汤与姜、蒜、小金橘调制出的灵魂蘸汁，每一口都鲜香有嚼劲，比较适合牙口好的朋友。

蚂蚁鸡

“蚂蚁鸡”多散养在黎村苗寨的槟榔林或橡胶林下，除了吃谷物以外，还以蚂蚁、野虫、野菜为食，这样的生长条件使肌肉质地紧实，口感鲜美，多以白切为传统做法。

黄流酷粉

这是一道充满了市井气息的小吃，相传始创于清道光年间。先将米粉烫熟倒入碗中，加入虾干、花生米、豆芽、空心菜、鸭血等丰富配料，再浇上特制的酱料，注入浓汤，撒上葱花即可享用。

羊肉粉汤

羊肉粉汤是当地的一道“高配”早餐，尤其适合在冬天来上这么一碗，可以开启活力满满的一天。羊肉采用的是本地的黑山羊，浓郁的汤底搭配Q弹的羊肉，令人回味悠长。

海盐系列美食

在莺歌踏浪驿站，依托莺歌海盐场的万亩盐田，开发出了以“盐”为主题的海盐冰激凌、海盐咖啡、海盐饮品等多种美食，清新爽口，是炎炎夏日的最佳单品。

鱼茶

鱼茶是一道稍显“另类”的美食，是黎族人用来款待客人的招牌菜肴，将煮熟的米和腌制的鱼肉发酵而成，启封后扑面而来的是发酵后特有的酸味，对于没吃过的朋友而言是一种挑战，但多吃几次就忍不住“上瘾”了。｜本页图｜

芒果蘸虾酱

在乐东，流传着一种奇特的组合——芒果和虾酱。虾酱是用小海虾经密封的大酱缸发酵磨成黏稠状后制成的蘸料，搭配当地现切的芒果，大海的鲜味和水果的甜味交织，别有一番滋味。

更多好玩

如果你旅行时间较为充裕，不妨前往乐东沿海及其他城镇，探索更多的美好。

- 莺歌渔梦海乐园
- 莺歌海跳伞基地
- 尖峰花乡三角梅基地
- 乐东黎族自治县博物馆
- 白沙河谷本土文化园
- 尖峰镇民心农家乐 ｜四椰级乡村旅游点｜
- 万冲镇抱班村 ｜四椰级乡村旅游点｜

海南环岛旅游公路乐东段

除了海南环热带雨林国家公园旅游公路，海南还建有一条全长 988 公里、贯穿全岛海岸线的环岛旅游公路，其中乐东段主线全长 62.4 公里，北起于岭头中心渔港，南至龙栖湾，途经龙沐湾、莺歌海湾、龙腾湾、龙栖湾等地，建有莺歌踏浪驿站。在这段旅游公路上，不仅可以遇见莺歌海的万亩盐田，还可以打卡藏着灯塔、帆影和老街的渔港小镇，或是去海边追一场最美落日，都可以收获独属于乐东的野趣和浪漫……

推荐游玩点

莺歌海盐场

沿着海南环岛旅游公路进入莺歌海镇，我们将从万亩盐田中穿梭而过，这就是中国三大盐场之一的莺歌海盐场。黄昏是这里一天中最壮美的时刻，万道霞光跌进这片天空之境，仿佛误入了一个童话世界。| 本页图 |

莺歌踏浪驿站

莺歌踏浪驿站距离莺歌海盐场约 6 公里，是一个以盐文化、黎文化和渔文化为主题的旅游文化空间，不仅可以深度了解“盐的一生”，还可以入住造型独特的船型屋民宿。

莺歌海小镇

莺歌海湾内坐落着一座古老的渔港小镇。在这里，大海、沙滩、灯塔、渔港、帆影、妈祖庙和落日等组成一道道风景线，为你呈现了最恬淡、最淳朴的渔家风情。

龙沐湾

乐东三湾指的是龙沐湾、龙腾湾和龙栖湾，其中龙沐湾最负盛名，因为正对西边，被认为是最美日落观赏地。盛大的海上落日，足以治愈每一颗游子的心。

旅行实用信息

租车攻略

“一嗨租车”网点

尖峰站店

乐东佛罗镇尖峰站停车场出入口

乐东站店

乐东九所镇九所新区天福雅苑第一幢商住综合楼 13 号商铺

黄流站

乐东黄流镇黄流站出站口右走 50 米社会停车场

*** 仅展示部分，其他可根据平台站点就近选择**

驾驶攻略

加油站及充电桩

乐东的加油站大多分布在沿海地带，雨林公路沿途加油站和充电桩数量较少，建议游客在自驾过程中利用地图 App 和相关小程序提前规划加油点和充电站点。

休憩指南

住酒店

乐东桃花园度假酒店

乐东尖峰镇尖峰岭景区内（毗邻天池）| 13876513690

乐东凯利柏尔假日酒店

乐东抱由镇沿江南路 220 号 | 0898-85693333

永嘉大酒店（乐东县政府店）

乐东抱由镇乐安路 202 号 | 0898-85601111

格莱登智慧酒店（乐东黄流店）

乐东黄流镇黄金路黄西村委会九队 108 号 | 0898-85690888

住民宿

乐东椰林湾农家乐

乐东尖峰镇 782 县道 | 0898-85629999

莺歌踏浪船屋民宿

乐东黄流镇滨海大道 1 号 | 15501959193

乐东海屿宿民宿

乐东莺歌海镇海新街椰林海边 02-03 号 | 15388199217

乐东莺 · 海纳里民宿客栈

乐东莺歌海镇海军街西路 15-1 号 | 18089786591

购物攻略

特产推荐

香蕉 哈密瓜 腰果 芒果 | 本页图 |

城市商圈

乐东商业步行街

乐东抱由镇乐祥路 174 号 | 0898-85828888 | 09:30—22:30

白马商城

乐东黄流镇 225 国道与政府大道交叉口东 140 米

扫码关注“乐东旅文”
微信公众号

如果你想深度游玩海南环热带雨林国家公园旅游公路，这里将为你解锁更多有趣的玩法……

陵水 · 小妹水库

12 个海南热带雨林公园

推荐体验点

海南的热带雨林广袤、神秘，又散发着无尽生机。海南热带雨林国家公园所辖 4269 平方公里，而全省森林覆盖率更是稳定保持在 62% 以上。这里的空气清新得如同经过精心过滤一般，每一口呼吸都饱含着负氧离子的清新与甘甜。踏入一片雨林，就仿佛开启了一场穿越时间和空间的奇妙之旅，参天古木遮天蔽日，藤蔓交织如绿色的绸缎，各类珍稀植物争奇斗艳，而无数的昆虫和野生动物又为这片静谧的雨林增添了无限活力……想目睹这样神秘的热带雨林吗？那么，现在就出发！带上这本旅游指南，沿着雨林旅游公路，在阳光穿透枝叶洒下的斑驳光影之中，探寻由本地资深旅游玩家推荐的 12 个不可错过的海南雨林目的地吧。

- 亚龙湾热带天堂森林旅游区
- 海南呀诺达雨林文化旅游区

- 五指山热带雨林风景区
- 娥仙岭生态文化旅游区

- 尖峰岭国家森林公园
- 吊罗山国家森林公园
- 百花岭热带雨林文化旅游区
- 黎母山国家森林公园
- 鹦哥岭自然保护区
- 白沙原生态茶园小镇
- 霸王岭国家级自然保护区
- 七仙岭温泉国家森林公园

66 种方式打卡

海南环热带雨林国家公园旅游公路

打卡

自然景观

海南热带雨林国家公园是中国分布最集中、保存最完好、连片面积最大的热带雨林。顺着旅游公路走进深山置身于树木葱茏、山泉淙淙里，看莺飞草长、听鸟叫虫鸣，都是不可错过的山中好时光。

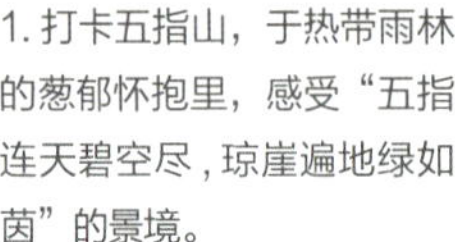

1. 打卡五指山，于热带雨林的葱郁怀抱里，感受“五指连天碧空尽，琼崖遍地绿如茵”的景境。
2. 去尖峰岭看日出和云海，每一寸阳光都是大自然的馈赠，站在山顶平台，仿若置身仙境。
3. 漫步于霸王岭的情道，观赏雅加大瀑布。山水林石在这里相拥，演绎着浪漫的绝美画卷。
4. 在吊罗山的热带雨林中慢行，观赏枫果瀑布的壮美，每一步都踏在自然的音符上，感受雨林世界的心跳与呼吸。
5. 去鹦哥岭跟随自然保护区的护林员们走一次护林线路，在密林中欣赏自然赋予的画卷。
6. 在呀诺达景区花样玩转雨林，漫步徐行、欢乐溯溪、悬崖秋千、玻璃栈道、萌宠乐园……总有一样适合你。
7. 打卡琼中百花岭，寻找著名的“天琴树”，还可以勇闯玻璃栈道高空漂流，尽享海岛酷爽清凉。
8. 深入黎母山，每一处景观都是大自然的神来之笔，在溪谷之下进行一次野餐吧。

6

7

14

9. 徒步毛瑞，揭开原始雨林的神秘面纱。未经雕琢的风光，静谧而深邃，宛如世外桃源。
10. 经申请后探寻佳西省级自然保护区，各种珍稀动植物与独特景观，是雨林深处隐藏的璀璨明珠。
11. 在丰水期打卡三亚新晋网红“南塔瀑布”，听瀑布的流水声如同琴音般奏响。
12. 在春天前往昌江霸王岭，与田园上盛开的木棉来一次“艳”遇，抹去一整个冬季的阴郁心情。

打卡

民族风情

如果想要来一场真正深入雨林的旅行，当然要从别具一格的雨林特色文化开始体验。这片雨林是黎族与苗族同胞世代栖息的家园。千百年来，他们与这片神秘雨林共生共息，传承着隐藏在雨林深处的文化瑰宝。

13. 走进雨林深处的黎族毛纳村，品山兰米酒（biang 酒）、喝新茶，晚上还可以观赏漫天繁星。
14. 领略海南人类非物质文化遗产的魅力——有着 3000 多年历史的黎族传统纺染织绣技艺，触摸历史的纹理，感受民族智慧的传承。
15. 跳一次黎族竹竿舞，极富参与性和观赏性，感受一份来自心底的快乐。
16. 去往槟榔谷景区，体验海南众多充满民族风情特色的非

遗项目，黎族原始制陶技艺、黎族树皮布制作技艺、黎族竹编技艺以及八音、黎族对歌表演等。

17. 参与海南“三月三”民间节庆活动，与当地居民同乐，共享生命的美好。

18. 参与保亭“七月初七”的嬉水节，把美好和祝福装进水枪中，传播快乐。

19. 去东方白查村参观中国唯一保存完好的黎族“船型屋”古村落。2008 年“黎族船型屋营造技艺”被列入国家级非物质文化遗产代表性项目名录。

20. 飞起无人机，航拍一次东方白查村独具民族特色的“船型屋”。

21. 去琼中参观被森林和溪流环绕的什寨村，这里有着“天上什寨”的美誉。体验传统习俗，尽享田园风光。

22. 观看一场黎族服饰的走秀。也可以将“非遗”穿在身上，感受古老技艺的独特魅力。

打卡 3

户外运动

在富含负氧离子的原始雨林之间，当然要大口呼吸，畅快淋漓地流一身汗，雨林穿越、峡谷漂流、绿地骑行、户外野营、溯溪嬉戏、定向越野，与大自然亲密接触。

25

23. 在红峡谷漂流景区，在湍急的水流中穿梭。体验漂流的刺激，感受玩水的极致乐趣。

24. 骑行 466 公里海南环热带雨林国家公园旅游公路，在绿色山林间穿梭，呼吸着清新空气，如同自由的飞鸟。

25. 参加雨林徒步探险活动，如探险家般深入雨林深处，探寻那被大自然隐藏的奥秘。

26. 在雨林公园内露一次营，仰望星空，与大自然相拥而眠，感受那远离尘嚣的宁静与美好。

27. 在吊罗山的溪流中溯溪，清凉溪水如灵动的精灵，在身边嬉戏。亲近自然的过程，是一次身心与水的交融之旅。

28. 参与一次热带雨林定向越野活动，体能与方向感是前行的动力，在挑战中领略不同风景。

29. 登顶保亭的七仙岭，先登山挑战自我，再泡温泉舒缓身心，感受冰火两重天的奇妙体验。

36

打卡

休闲度假

4

只要进入这片绿色雨林世界，整个人就可以松弛下来，不自觉就开始大口深呼吸——满眼是葱郁的林木与田园乡间，清新的空气沁人心脾。抛开都市喧嚣，沿着雨林旅游公路开启一段难忘的休闲度假时光吧。

30. 去东方畅游“海南小桂林”俄贤岭，看山水相依的胜景，听娥娘和阿贵刻骨铭心的爱情传说。

31. 入住五指山脚下亚泰雨林酒店，在夜晚的热带雨林寻一场梦幻的星空和萤火虫之境。

32. 在保亭的雨林温泉酒店，泡一汤温泉，放松身心，让疲惫随着水汽飘散，享受健康与舒适的交融。

33. 漫步五指山水满村的溪谷栈道之中，尽享大自然的馈赠，让心灵得到片刻的休憩。

34. 自驾游一圈海南环热带雨林国家公园旅游公路，走走停停，享受驾驶带来的快乐。

35. 在尖峰岭鸣凤谷的森林氧吧中深呼吸，在雨林之间尽享阳光和雨露带来的愉悦。

36. 在神玉岛进行一场瑜伽或冥想活动，放松身心，舒缓压力。

37. 品尝一杯五指山雨林红茶，放松身心，在雨露沁过的茶香中沉醉，忘却一切烦恼。

38. 在牙胡梯田进行一次光影创作，记录下田园间层层叠叠的期盼。

39. 摩旅骑行海南环热带雨林国家公园旅游公路，在马达声中自由迎风，尽享一路的山水美景。

40. 去白沙开启一场采茶之旅，亲手采茶，参与制作白沙绿茶，并学习茶艺，在翠绿茶园中享宁静美好。

41. 入住昌江王下乡洪水村的民宿，体验霸王岭腹地的田园生活，青山含黛，宛如世外桃源。

42. 在海南环热带雨林国家公园旅游公路的观景台面对山水自然，泡一杯手冲咖啡和功夫茶，慢享时光。

43. 去黎母山拍摄一次山林中的迷雾。如梦如幻的画面，如同一幅水墨画卷。

44. 在九架岭观景台观日出云海，看云卷云舒，美不胜收。

45. 在神秘雨林拍一组个人写真或者婚纱大片，我们都是森林的孩子，清纯而独特。

34

打卡

亲子研学

带孩子进行一场意义非凡的研学之旅！了解雨林万千物种的秘密，与孩子共同度过一段重要的成长时光，自己也再重回一次童年。

46. 让孩子带上物种笔记，深入雨林深处，感受虫鸣鸟叫、溪流飞瀑，一起发现这片“极乐世界”的珍稀动植物。
47. 参与自然教育营地的研学活动，深入了解雨林生态，如同在自然的怀抱中挖掘宝藏，收获无尽的知识财富。
48. 带着孩子跟随保护站的工作人员当一天“小护林员”，增强生态保护意识，在心中种下绿色的种子。
49. 在学而山房民宿，和孩子一起深入周边茶园，亲手采摘鲜嫩茶叶，也可参观昆虫标本馆，体验别具一格的亲子旅行。
50. 走进传统黎族工坊，跟着匠人学习古老的黎锦编织，五彩丝线在手中穿梭，编织出独特图案。
51. 去尖峰岭记录雨林中的蝴蝶种类，了解各种美丽的蝴蝶如何生存，认识生物与自然的生态平衡的重要性。
52. 一起搭建帐篷，进行一场雨林亲子露营活动，在星空下分享睡前故事，照亮孩子的童年。
53. 在海南参加一次雨林科考团队行程，跟着“大神”们了解神秘雨林的奥秘。
54. 在手机上聆听一次位列世界极度濒危灵长类第 1 位的海南黑冠长臂猿的“歌声”，当然，如果能现场听到，那就太令人羡慕了。
55. 以热带雨林为背景，和孩子共同拍摄一个微电影或短视频，讲述人与自然的相关故事。
56. 在雨林中学习音乐创作，用乐器或声音记录下热带雨林的韵律和节奏，谱写一首大自然的交响曲。
57. 去俄贤岭娥娘洞探一次溶洞，见证大自然的鬼斧神工，在“生命树”下许下最美好的心愿。
58. 探访黎村苗寨，了解其独特生活方式和习俗。
59. 参观民族博物馆，深入了解黎族及苗族的历史发展、文化传统、风俗习惯，感受民族文化的多元性和独特魅力。

52

47

65

打卡

美食美味

踏入热带雨林，味蕾也开启一场奇妙之旅。尝尝放养的五脚猪和小黄牛肉，肉质鲜嫩，带着雨林的气息；还有那软糯的竹筒饭、清新的五指山野菜和山兰米酒……这些热带雨林美食，取材天然，独具特色，每一口都仿佛在品尝着雨林的故事。

60. 品尝五指山的野菜，如革命菜、雷公根等，独特的味道在舌尖上跳跃。
61. 喝一次黎族的山兰米酒（biang 酒）每一口都是雨林田园的生态味道，是大自然对人类的慷慨赏赐。
62. 品尝保亭的槟榔花炖鸡，鸡汤的鲜美与槟榔花的清香融合，如同山林与田园在舌尖上相遇，美妙绝伦。
63. 体验一次海南的打边炉，放入山区最原生态的野菜和放养的小黄牛肉，每一口吃的都是来自雨林的新鲜。
64. 摘一次琼中绿橙，清甜多汁的果肉在口中爆开，带来的愉悦如同一缕阳光照进心田。
65. 尝试制作并品尝竹筒饭，传统烹饪方式赋予米饭独特的香气。每一粒米都吸收了竹子的清香，如同承载着雨林的记忆。
66. 参加一次黎族人家的长桌宴，品尝美食与美酒，在载歌载舞中沉浸，忘却城市的喧嚣。

环热带雨林国家公园旅游公路

线路推荐

线路 1

自驾环绕——

追寻神秘的雨林生态童话

环热带雨林国家公园旅游公路自驾

7天6晚

此条线路将沿着466公里长的海南环热带雨林国家公园旅游公路绕行一圈，将海南热带雨林国家公园揽入环中，除了途经公路沿线的海南9个市县，还可一路到达热带雨林国家公园的中心城市五指山，为我们解锁新的海岛旅行地图。

图：东方娥仙岭生态文化旅游区

关键词

环雨林公路

探秘雨林

经典打卡

D1：三亚→三亚亚龙湾热带天堂森林旅游区

D2：保亭槟榔谷黎苗文化旅游区→保亭呀诺达雨林文化旅游区→保亭七仙岭温泉国家森林公园

D3：陵水吊罗山枫果山瀑布→琼中百花岭热带雨林文化旅游区

D4：五指山热带雨林风景区→五指山漂流

D5：琼中黎母山国家森林公园→儋州松涛水库→白沙原生态茶园小镇→昌江霸王岭雅加度假村

D6：东方大广坝水库→东方娥仙岭生态文化旅游区→乐东尖峰岭国家森林公园

D7：乐东尖峰岭鸣凤谷（或登山）→返回三亚

陵水吊罗山

线路 2

梦幻之旅——

解锁一场雨林与大海的山海联动

三亚—乐东—保亭—陵水

5天4晚

此条线路从大海边一直延伸到雨林秘境，可体验三乐旅游铁路，沿线涵盖诸多知名景点，如天涯海角、尖峰岭等。再从滨海旅游公路转到雨林旅游公路，体验妙趣横生的雨林项目，观赏独特的雨林奇观。穿越山海，奔赴浪漫！

关键词

三乐旅游铁路

穿山越海 秘境瀑布

D1：三亚亚龙湾热带天堂森林旅游区→三亚亚龙湾

D2：三亚亚特兰蒂斯景区→蜈支洲岛旅游区（或选择三亚西岛→三亚天涯蓝白小镇）

D3：三亚天涯海角游览区→乐东尖峰岭

D4：保亭七仙岭温泉国家森林公园→保亭呀诺达雨林文化旅游区→保亭神玉岛

D5：陵水吊罗山枫果山瀑布→返回三亚

线路 3

人文之旅——

深度体验奇妙的民族风情

海口—琼中—白沙—
儋州—海口

4 天 3 晚

此条线路在推荐热带雨林美景的同时，也希望游客可以体验一段充满神秘色彩和民族风情的沉浸式旅程，那些掩映在雨林山峦中的少数民族村寨以及热情好客的黎族、苗族同胞，还有那些美味的特色民族美食和生动有趣的民俗活动，都将引领你开启一段充满奇妙文化的旅程。

关键词

黎族、苗族风情
踏青采绿 休闲度假

D1：海口→屯昌木色湖→琼中百花岭热带雨林文化旅游区
D2：琼中黎母山国家森林公园→琼中学而山房民宿→白沙原生态茶园小镇
D3：儋州松涛水库→洋浦千年古盐田→儋州海花岛
D4：儋州火山海岸→环岛旅游公路→海口

屯昌木色湖

五指山热带雨林风景区

线路 4

探秘之旅——

在雨林深处用光影记录原始生态大片

海口—昌江—东方—
五指山—海口

4 天 3 晚

此条线路可以让你玩得很“野”，同时也不失浪漫，这条线路的雨林体验，大多都刻印着“原始”的标签，许多堪称神仙级的生态秘境都在此条线路上，独属于那些勇于探险和向往自然的人。还可以飞起无人机或者端起你的长焦镜头，记录下独一无二的雨林记忆。

关键词

原始生态
雨林秘境
视觉大片

D1：海口火山口地质公园→昌江霸王岭（每年 2—3 月可前往七叉欣赏木棉花海）
D2：东方娥仙岭生态文化旅游区→东方大广坝水库→东方白查村
D3：五指山漂流→五指山热带雨林风景区
D4：五指山毛纳村→海南省民族博物馆→返回海口

海南离岛免税政策

什么是离岛免税政策？

离岛免税政策是指对乘飞机、火车、轮船离岛（不包括离境）旅客实行限值、限量、限品种免进口税购物，在实施离岛免税政策的免税商店内或经批准的网上销售窗口付款，在机场、火车站、港口码头指定区域提货离岛的税收优惠政策。

自离岛免税政策实施以来，免税购物已成为海南旅行不可或缺的一个项目。目前，海南已有海口国际免税城、三亚国际免税城等共11家商场实体店，吸引了全球多个国际知名品牌入驻。优质的商品、多样的品牌、优惠的价格，加上不定期开展的促销活动，必定让你不虚此行，满载而归！

免税这样购

1. 购买资格

年满16周岁，已购买离岛机票、火车票、船票，并持有效身份证件，国内旅客持居民身份证（港澳台旅客持旅行证件），国外旅客持护照，离开海南本岛但不离境的国内外旅客，包括海南省居民。

2. 购买限额

每年每人免税购物额度为10万元人民币，不限次数。超出免税限额的部分，照章征收进境物品进口税。

3. 单次限购数量

每人每次可购买45大类产品，限量品类包括：

- 化妆品30件
- 手机4部
- 酒类1500毫升
- 其他品类不限件数

超出免税限量部分，照章征收进境物品进口税

4. 购买渠道

海南免税购物有线上、线下两大购买渠道：

- 线下：各大免税实体店
- 线上：各免税店官方网上商城（微信小程序、App、官网等）

5. 提货地点

- 飞机离岛：旅客可以提前在海口美兰国际机场或三亚凤凰国际机场完成提货。
- 海口火车站离岛：旅客可以提前在海口火车站候车厅完成提货。
- 非海口火车站离岛：旅客可以在离岛车次途经海口时下车到月台提货。
- 新海港离岛：旅客可以根据出行方式（散客/自驾游）在对应的隔离区提货点完成提货。
- 邮寄提货：乘坐飞机离岛的旅客，除在指定区域提货点提货外，可选择邮寄提货方式。
- 担保即提：可对单价超过5万元（含）的免税品选择“担保即提”提货方式。
- 即购即提：可对单价不超过2万元（不含）且在清单内的免税品选择“即购即提”提货方式。
- 铁路轮渡海口南港离岛：在海口南港离岛免税商品提货点提取所购免税商品并携带离岛。

*** 具体提货地点详询各免税门店。**

6. 全岛免税门店

海口

cdf海口国际免税城丨海口市秀英区海色路5号丨0898-96656

cdf日月广场免税店丨海口市琼山区国兴大道日月广场射手座L层、双子座L-2层丨0898-96656

海控全球精品免税城丨海口市琼山区国兴大道日月广场水瓶座1～3层、摩羯座1～2层丨4000605000

cdf美兰机场免税城丨海口市美兰区海口美兰国际机场T1航站楼出发厅安检区内、T2航站楼三层隔离区内丨0898-96656

深免海口观澜湖免税店丨海口市龙华区羊山大道39号丨4000809898

三亚

cdf三亚国际免税城丨三亚市海棠北路118号丨0898-96656

海旅免税城丨三亚市吉阳区迎宾路303号丨4009001888

国药中服免税店丨三亚市天涯区解放一路16号丨4008689898

cdf凤凰机场免税店丨三亚市天涯区三亚凤凰国际机场T1航站楼隔离区内丨0898-31250000

琼海

琼海博鳌免税店丨琼海市博鳌镇东屿岛博鳌亚洲论坛国际会议中心一楼丨0898-96656

万宁

王府井国际免税港丨莲兴大道1号悦舞小镇丨0898-62271818

小贴士

* 旅客购买免税品距离离岛时间不能超过 30 天。
* 离岛自提有配送时间要求，旅客需根据离岛时间提前下单购买，建议至少提前 1 天购买，如遇不满足购买时效要求，可选择其他提货方式。具体购买时间详询各门店或网上商城。
* 离岛自提的旅客，建议提前到达提货点办理提货手续，尤其是节假日期间，以免因此耽误行程。
* 乘坐轮船离岛且需要购买免税品的旅客，应经由新海港或南港离岛，目前秀英港未设免税提货点。

*** 以上具体信息以实际为准 * 具体购买细则详询各免税门店。截至 2024 年 12 月止**

免税扫码购

cdf 中免海南离岛免税商城

深免离岛免税商城

海控全球精品免税城离岛免税商城

海旅免税离岛免税商城

国药中服离岛免税商城

王府井国际免税港离岛免税商城

海南旅游常用电话

交通问讯

海口美兰国际机场	0898-966114
三亚凤凰国际机场	0898-9612333
琼海博鳌国际机场	0898-36860114
海南环岛高铁	0898-12306
海口火车站	0898-31686232
海口东站	0898-12306
三亚动车站	0898-12306
海口新海港、秀英港	0898-9693666
海口南港	0898-31684464
湛江徐闻港	0759-4663889
湛江海安新港	0759-4683286
湛江北港	0898-31686888
广西北海	0779-3922386
海汽客运	0898-66668855

其他

海南旅游服务热线	0898-12301
海南省政府综合服务热线	0898-12345
消费投诉举报电话	0898-12315
交通事故报警电话	122

*** 以上具体信息以实际为准。**

扫一扫，
聆听全球濒危灵长类动物
海南长臂猿的嘹亮歌鸣